Cristopher Ramírez

IMPERIO
EMPRENDEDOR

Información maestra para
el dominio *start up*

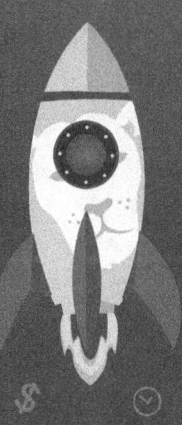

Editorial
Elementum

IMPERIO EMPRENDEDOR

Información práctica para el dominio startup

Cristopher Ramírez

Editorial Elementum

Creativa
Independiente

*A los millones de emprendedores
alrededor del mundo que se levantan todos los días
para mejorar sus empresas, así como para seguir
construyendo un mundo mejor*

*Una teoría debe ser templada con la realidad
Jawaharlal Nehru*
Político indio

ÍNDICE

9	NOTA DEL AUTOR
11	INTRODUCCIÓN. LO QUE APORTA ESTE LIBRO
15	PRÓLOGO
19	**EL MODELO DE NEGOCIO**
22	1. Propuesta de valor
27	2. Segmentos de cliente o mercado
40	3. Canales
47	4. Relación con el cliente
55	5. Recursos clave
61	6. Actividades clave
68	7. Aliados clave
74	8. Fuente de ingresos
81	9. Estructura de costos
87	¿Por qué y cómo usar el *Business Model Canvas*?
91	**EL MÉTODO *LEAN STARTUP***
92	Las bases de *Lean Startup*
97	Circuito de retroalimentación
113	***FAT STARTUP***
117	***LEAN STARTUP* O *FAT STARTUP*, ¿QUÉ ES MEJOR PARA TI?**
119	¿Entonces?
120	**EL PLAN DE NEGOCIO**
120	Conceptos clave
123	El resumen ejecutivo
127	Panorama general y objetivos
130	Productos y servicios
133	Oportunidades de mercado

138	Ventas y mercadotecnia
141	Análisis competitivo
146	Operaciones
149	Equipo de gestión
151	Análisis financiero
152	Apéndice
153	Presentando tu Plan de negocio
156	Conclusiones del Plan de negocio
158	REFERENCIAS BIBLIOGRÁFICAS
161	AGRADEZCO...

NOTA DEL AUTOR

Este libro suma varios conocimientos que he adquirido de manera teórica, con experiencias y consejos que he puesto en práctica a lo largo de mi carrera como emprendedor. He ordenado todo esto de tal manera que comprendas, en su dimensión más profunda, los conocimientos que quiero transmitir.

INTRODUCCIÓN.
LO QUE APORTA ESTE LIBRO

El aprender nunca exhausta a la mente.
Leonardo da Vinci

En la historia de la humanidad, la motivación ha impulsado a grandes hombres y mujeres a realizar proezas que muchos sueñan pero que pocos alcanzan. Aunque la motivación es sólo una parte de la ecuación, la ejecución de estos sueños y visiones llevó a los personajes más ilustres e importantes de nuestra historia a dar el salto hacia la grandeza.

Este salto fue posible gracias a la capacidad de transformar dichos sueños en cosas reales, como lo hicieron Napoleón y Alejandro con su capacidad de liderazgo, conocimiento de estrategias y astucia militar; como lo hicieron Dante y Homero con su capacidad de transmitir y crear bellas historias o como lo hicieron Platón y Aristóteles con su capacidad de pensamiento y sus conocimientos, que han inspirado a pensadores a través de los siglos.

La preparación de estos personajes abarcó décadas; transcurrieron años para que perfeccionaran sus teoremas, estrategias, obras, oratoria o cualquiera que haya sido la habilidad que los llevó hacia la grandeza. Estas personas debieron adquirirla de una u otra manera; ya fuera que hayan tenido un mentor , o por curiosidad misma de descubrir su entorno, ellos vieron la oportunidad de conocer más que cualquiera. Independientemente de cómo hayan obtenido el conocimiento y la capacidad para realizar sus proezas, lo fundamental de su ascenso fue la combinación de sus saberes, sueños, motivación y capacidad para actuar.

Y es el conocimiento más la capacidad de actuar lo que debes desarrollar para seguir emprendiendo tu camino hacia la grandeza. La forma en que una persona aplica sus conocimientos es lo que hace la diferencia.

Para cuando inicies tu camino emprendedor te darás cuenta de que la motivación no es todo; también debes adquirir todos los conocimientos que el mundo de los negocios te puede ofrecer. Esto hará la diferencia en tu vida y en la de tu nuevo negocio.

Este libro te encaminará hacia los conocimientos que debes aprender para seguir adelante con tu negocio, y convertirlo en algo más grande que tú mismo. Es hora de que pongas las primeras piedras de tu propio imperio.

Entusiasmado lector: antes de que te adentres en mi obra e inicies tu camino hacia un mundo pleno de conocimientos, debes identificar los pormenores, las bases de lo que comparto en este libro.

En primer término, este libro es una guía, no un recetario. La obra consiste en una recopilación de mis experiencias, aprendizajes e información; todo ello obtenido, cedido y enseñado al guiar el desarrollo de nuevas empresas y con fundamento en la mentalidad emprendedora.

La creación de empresas y su proceso de desarrollo han evolucionado desde el momento en que el trueque se implementó para negociar bienes y servicios; pasando por su expansión durante el Renacimiento, su confirmación como ciencia en los siglos XIX y XX con los grandes gigantes de la industria como: Rockefeller, Carnegie, J.P. Morgan, entre otros; hasta su punto de refinación en las últimas décadas.

Una porción significativa del contenido de mi obra proviene de las enseñanzas y conocimientos que han ofrecido al ámbito emprendedor autores como Osterwalder y Eric Ries.

A través de los años, múltiples expertos han aportado su "granito de arena" al arte del desarrollo de empresas: del emprender. No es de sorprender que existan contradicciones, u opiniones e ideas en conflicto entre los mismos expertos. Recuerda que esto no es un recetario. Mi libro es una guía que aporta herramientas teóricas y analíticas fundamentales para crear una estructura sólida para tu idea de negocio.

En los siguientes capítulos encontrarás información que te ayudará a visualizar al desarrollo de empresas desde diferentes ángulos, y a utilizar de buena manera las teorías, metodologías y procesos de numerosos expertos, entre quienes me incluyo.

Te propongo que mantengas una mirada objetiva sobre los temas en los que a continuación te instruirás; asimismo, te invito a completar tu aprendizaje con las diversas fuentes, autores y opiniones que recomiendo en mi obra.

Es imposible abarcar en un libro todos los conceptos, ideas y metodologías que se tienen sobre el desarrollo de empresas y el emprendimiento en nuestros tiempos, pero *Información maestra para el dominio startup*, segundo volumen de la trilogía *Imperio emprendedor*, recopila elementos comunes a diferentes propuestas teóricas así como elementos que a mí me han ayudado a empezar a construir mi imperio.

Cristopher Ramírez

PRÓLOGO

La perfección se logra al fin, no cuando no hay nada que
agregar, sino cuando ya no hay nada que obtener.
Antoine de Saint-Exupery

Rento el local más grande, un arquitecto lo convertirá en una obra de arte en diseño interior, su concepto será único. El personal atenderá siempre sonriente, tendremos un gran equipo de trabajo, los clientes se formarán para comprar y en poco tiempo estaremos abriendo franquicias. Dejaré de tener jefes, horario, tendré tiempo libre para disfrutar en familia. Se acabará mi estrés y los problemas económicos. O algo como eso. De las muchas formas de la fantasía, el *negocio mental* debe ser uno de los que más devotos agrupan.

Es democrático, armónico, abundante y sobre todo, es inmune. Mientras permanezca encerrado en nuestra mente, el negocio perfecto no habilita crítica ni reclamo alguno. Flotante, intacto, cambia de tamaño y de personal al compás de los días. No hay impuestos ni contadores trabajando, empleados holgazanes pidiendo aumento, clientes quejándose, proveedores exigiendo su pago y competidores envidiosos haciéndonos la vida imposible. En plena actividad se vuelve más y más emocionante. Nadie lo admite, pero todos vamos por este mundo con el negocio de nuestros sueños suspendido a la altura de la cabeza. Hay quienes se entusiasman a tal punto con la idea que se vuelven emprendedores seriales y lo bocetan todo. Desde genios colaboradores, hasta inversionistas fraternales, pasando por cuentas bancarias rebosadas y cenas de fin de año en la playa.

Hoy que el antojo es tan buen negocio, un tobogán dentro de las oficinas es de lo más ordinario al lado de caprichos tanto más extravagantes vinculados al placer laboral. Lástima que, tal parece, que el único deseo que vale es el que se escapa. Apetecible es el muñeco de peluche cuya posesión se dirime a palancazos frente al *vending machine,* no el que se compra en la tienda de regalos levantando el dedo para señalar el indicado y pagando el total de su precio.

Si el negocio de mis sueños se encuentra a la vuelta de la esquina lo más probable es que ya no me parezca tan maravilloso. Vistas de lejos hasta las imperfecciones se suavizan. Visto de cerca, hasta el galán del siglo tiene un poco de acné. Por eso siempre hay algo de tristeza en la concreción de lo que sea, y no estoy pensando precisamente en ese "aaagh" que se escapa ante la primera demanda que nos levanta un empleado insatisfecho. Es más bien una tristeza flotante, la niebla viajera del Támesis creciéndonos a la altura de la garganta cuando vemos que el negocio perfecto se esfuma. Eso que se siente al comprobar que el inmueble nunca queda como imaginamos, o que no hay maquinaria capaz de conseguir los empaques que vimos la otra noche mientras dormíamos.

En algún punto, nos resulta más fácil aceptar la falacia frutera del mito de la media naranja que la imposibilidad de poner en ladrillos el negocio con el que fantaseamos. Será, que para concretarse, la mayoría de los planes necesitan de otros (de otros que te dicen "tranquilo/tranquila, nosotros haremos que su negocio crezca, se conozca, opere en armonía y venda mucho"), y es en ese momento que comienzan a decolorar.

Los *negocios mentales* son nuestra revancha, nuestro pulso de dioses en medio del trabajo arduo y lágrimas por situaciones adversas jamás vislumbradas, pero también la certeza de que la mejor manera de demoler el negocio perfecto es tratar de construirlo y la mejor manera de ser feliz es disfrutando el resultado de nuestro esfuerzo y dedicación.

Confío en que el espíritu emprendedor sea infundido con este libro a todo aquél que desee pasar del plan y negocio mental al derribo del confort para edificar un futuro brillante construyendo una empresa real, con la belleza de la imperfección y la valía de lo orgánico, tal como Cristopher Ramírez plasma en este libro con la destreza y análisis que en él son propios.

César Dabián
Autor de los simuladores de negocios Emprendiendo
CEO en *www.emprendiendo.mx*

EL MODELO DE NEGOCIO

En todas las empresas, es el modelo de negocio
el que merece atención y entendimiento detallado.
Mitch Thrower
Autor y emprendedor

Ahora que conoces y has formado una propuesta de valor clara, es momento de empezar a completar tu modelo de negocio.

En su libro, *The New, New Thing,* Michael Lewis se refiere al modelo de negocio como "un término de arte", y como el arte mismo, es una de esas cosas que la gente cree puede reconocer al ver, pero no puede definir su esencia. Lo mismo sucede al definir al modelo de negocio, pues depende de la forma en que lo están usando y probablemente también de la época.

Un ejemplo claro de esto fue durante la burbuja de Internet, donde la definición más simple de modelo de negocio era: "todo lo que realmente importa es cómo planeas hacer dinero". En ese entonces el modelo de negocio de muchas compañías era atraer a una gran población a un sitio web, y entonces vender a otros la oportunidad de promocionar sus productos. No estaba claro que el modelo daba sentido.

Pero como Lewis, existieron muchos autores que buscaban darle una definición al modelo de negocio. Por ejemplo Peter Drucker, en 1994, definió al modelo de negocio como "suposiciones por las que a una empresa se le paga."

Más adelante, Joan Magretta, en un artículo para el *Harvard Business Review* en 2002, define al modelo de negocio como: Historias que explican cómo las empresas funcionan. Un buen modelo de negocio responde: "¿Quién es el cliente?, y ¿qué es lo que el cliente valora?", además responde las preguntas fundamentales que todo administrador debe hacerse: "¿cómo hacemos dinero en este negocio? ¿Cuál es la lógica económica que explica cómo podemos entregar valor al cliente a un precio apropiado?

Hay que entender la historia de esta evolución del término para poder trasladarlo a nuestros tiempos. He de resaltar que el termino *modelo de negocio* se hizo mayormente conocido y usado con la llegada de la PC y las hojas de cálculo, lo cual permitió que varios componentes fueran testeados y modelados. Antes, la mayoría de los modelos de negocios exitosos fueron creados por mero accidente mas que por diseño o previsión, y se volvían claros hasta después.

El enfoque de Magretta es el modelado de negocios, y ella encuentra útil definir un modelo de negocio con base en la cadena de valor:

Un modelo de negocio tiene dos partes: la parte uno incluye todas las actividades asociadas con crear, diseñar, comprar materia prima, manufacturar, etc. La parte dos incluye todas las actividades asociadas con vender, buscar y contactar clientes, tramitar una venta, distribuir el producto, o entregar el servicio. Un nuevo modelo de negocio puede convertirse en el diseño de un nuevo producto para cubrir una necesidad no satisfecha o en un proceso de innovación.

Tomando estas ideas, suposiciones e hipótesis sobre el modelo de negocio entramos en el campo de Alex Osterwalder, quien en los últimos años ha desarrollado lo que se puede considerar como la plantilla más comprensiva de cómo construir el modelo a partir de estas hipótesis. Su *Business Model Canvas* (o Lienzo de Modelo de Negocio) es esencialmente una forma organizada de plasmar estas suposiciones, no sólo acerca de los recursos y actividades clave de tu cadena de valor, sino también tu propuesta de valor, relaciones con los clientes, canales, segmentos de mercado, estructura de costos y flujos de ingresos; con la finalidad de ver si se te olvidó o pasaste por alto algo importante y comparar tu modelo con otros.

Por lo tanto, antes de seguir informándote sobre el modelo de negocio y su evolución, es momento de que conozcas o repases la herramienta que recomiendo utilizar para crear tu modelo de negocio: el *Business Model Canvas* de Strategyzer.

El *Business Model Canvas*, también llamado de manera económica "Canvas", es una herramienta de gestión estratégica y emprendimiento que permite describir, diseñar, desafiar, inventar, y pivotar tu modelo de negocio. (Tabla 1)

The business model canvas
El modelo de negocio de lienzo

Designed for: (Diseñado para)
Designed by: (Diseñado por)
Date: (fecha)
Version: (Versión)

Key partners (Socios clave)	Key activities (Actividades clave)	Value propositions (Propuestas de valor)	Customer relationships (Relaciones con clientes)	Customer segments (Segmentos de clientes)
	Key resources (Recursos clave)		Channels (Canales)	

Cost structure (Estructura de costos)	Revenue streams (Fuentes de ingresos)

Tabla 1

Lo fascinante de esta herramienta es que es gratuita y además te permite construir de una manera visual tu negocio. Puedes ordenar de forma gráfica todas las ideas, elementos y recursos para que tu empresa empiece a tener una base sólida. Un punto de la planeación previa a todo negocio debe de incluir el desarrollo de este modelo.

El *Business Model Canvas* se define y describe en nueve bloques:

1. Propuestas de valor
2. Segmentos de cliente o mercado
3. Canales
4. Relaciones con el cliente
5. Flujos de ingresos
6. Recursos clave
7. Actividades clave
8. Aliados clave
9. Estructura de costo

A continuación, debes conocer a qué se refiere cada bloque.

1. PROPUESTA DE VALOR.

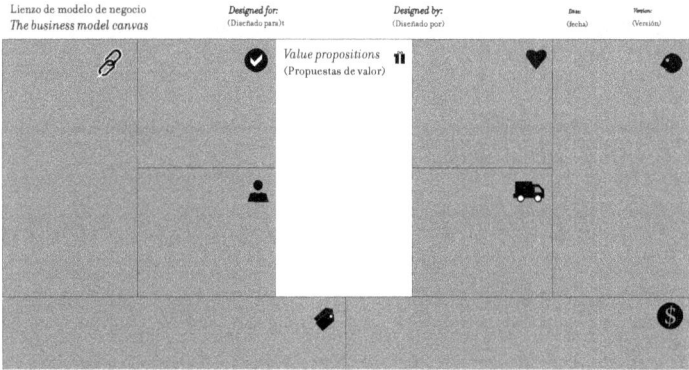

Si tienes alguna noción de desarrollo de empresas, administración o emprendimiento, estoy seguro de que has escuchado el término: "propuesta de valor". Este concepto es la base para cualquier empresa.

Para entender lo que es el modelo de negocio primero tenemos que comprender lo que es la propuesta de valor de una empresa.

¿Y qué es una propuesta de valor? En términos simples, es una promesa del valor a ser entregado. La razón primordial para que alguien compre tu producto o contrate tu servicio. Es una oración clara, sentencia o mensaje que:

- Explica cómo tu producto resuelve algún problema del cliente o mejora alguna situación en la que se encuentra.
- Entrega beneficios específicos.
- Cuenta al cliente ideal por qué debería comprar a ti y no a la competencia.

La propuesta de valor puede ser aplicada a toda tu empresa, a una parte de ella y a tus productos o servicios. Dicha propuesta es parte del desarrollo de la estrategia de negocios.

Ésta debe desarrollarse, explicarse y compartirse en el lenguaje del cliente. Tienes que averiguar cómo es tu cliente ideal (ese cliente que tiene todas las características que tú quieres que tus clientes posean, ver Segmento de Mercado), debes definir cómo habla él y ve a tu empresa. Tienes que investigar previamente a tu cliente, haz encuestas o utiliza las redes sociales para agilizar y facilitar el proceso.

Ahora que sabes de qué trata esta propuesta de valor, hay que conocer cómo realizar una para tu empresa. Para esto recomiendo utilizar la herramienta *The value proposition canvas de* Strategyzer:

The value proposition canvas
El lienzo de la propuesta de valor

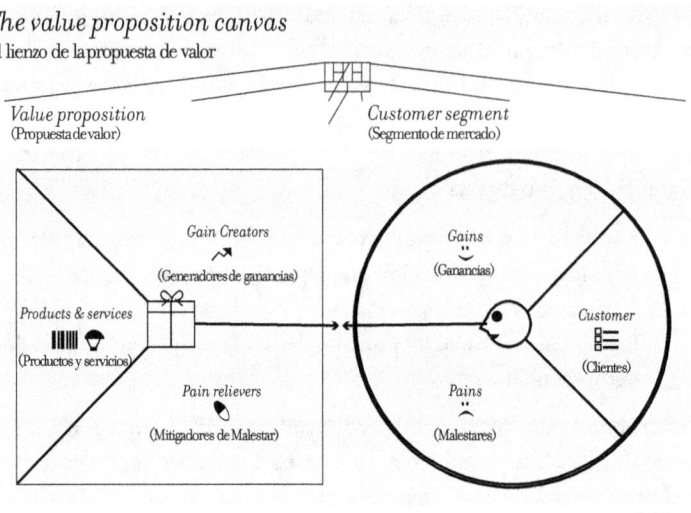

Tabla 3

Es un modelo gráfico que te muestra cómo estructurar una propuesta de valor así como sus componentes. Derivado o creado bajo la misma premisa del Canvas (ver Modelo de negocio). Este canvas o lienzo de la propuesta de valor está basado en dos elementos:

- El segmento de clientes que se verá beneficiado por el valor que entrega tu empresa. (ver Segmento de mercado)
- La propuesta de valor, ¿qué es lo que vas a ofrecer?

La idea es empatar estos dos hemisferios para crear una propuesta de valor que refleje lo que tu cliente necesita. Por el momento pondremos detalle sobre el lado de la propuesta de valor, en la cual vamos a diseñar las funciones de ésta para atender los trabajos del cliente, sus malestares y ganancias:

1. Productos y servicios
2. Mitigadores de malestar
3. Creadores de ganancias

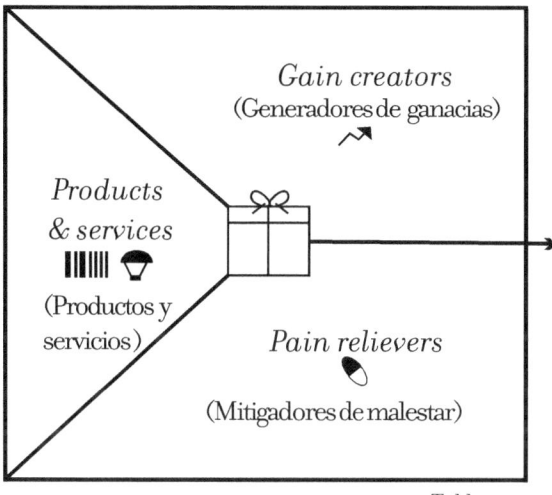

Tabla 4

A continuación el detalle de los conceptos:

- Los **productos y servicios** simplemente trazan los bienes y servicios que ofreces a tus clientes para que logren cumplir un trabajo y a la vez, indicar los malestares y las ganancias.
- Los **mitigadores de malestar** definen explícitamente como tus productos y servicios aliviarán malestares específicos del cliente antes, durante y después de que busque realizar el trabajo. Muestran qué malestar del cliente busca eliminar o reducir tu propuesta de valor.
- Los **generadores de ganancias** definen cómo tus productos y tus servicios producen ganancias/beneficios para los clientes. Muestran las ganancias/beneficios que tu propuesta de valor ataca, creando resultados y beneficios.

Alcanzarás el ajuste definitivo de la solución de problemas cuando las características de tu propuesta de valor encajen perfectamente con las características de tu perfil del segmento del cliente.

Caso de estudio
Evernote es una empresa en línea que busca otorga a profesionistas la capacidad de tomar notas cuando estén fuera de un escritorio.

La página principal otorga una vista detallada de cómo el producto y sus diversas características pueden ayudar a su mercado objetivo a almacenar información que podría parecer desorganizada. El sitio web hace que las funciones del servicio así como la experiencia en general sean atractivas para el consumidor.

La trifecta de las características del servicio, las ventajas de usar Evernote y la experiencia general del cliente, están sincronizadas con los deseos, necesidades y temores del cliente. La empresa también ha creado bifurcaciones de su segmento de mercado para que cada página esté personalizada a cada tipo de cliente.

La propuesta de valor del sitio web es una rápida y simple herramienta que se sincroniza fácilmente con otras plataformas.

Productos y servicios
- Un espacio de trabajo para todo.
- Escribe cada día.
- Trabaja junto a otros.
- Recopila investigación.
- Encuentra todo rápido.
- Comparte tus ideas.
- Mantente sincronizado.

Mitigadores de malestar
- Evita la necesidad de cargar con cuadernos, notas u otra forma de llevar información.
- Remueve la necesidad de diapositivas complicadas durante las reuniones.
- Un solo lugar para guardar material disponible de cualquier tema de interés.
- Económicamente accesible para individuos sin requerir un hardware o software.

Creadores de ganancias
- Provee un espacio de trabajo en común para un equipo que comparte ideas e información.
- Acceso a *freelancers* o proveedores independientes, e individuos a un servicio gratuito donde sus notas están respaldadas y disponibles en cualquier momento.
- Efectivo para individuos que pueden usar el servicio gratuito.
- Provee herramientas que ayuda a los clientes planear y ejecutar proyectos de manera efectiva y eficiente.

2. SEGMENTOS DE CLIENTE O MERCADO

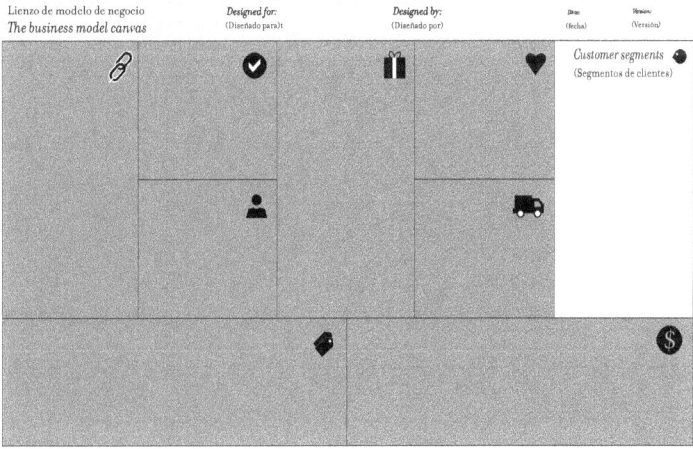

Tabla 5

Para construir un modelo de negocio efectivo una empresa debe identificar qué clientes busca servir. Varios 'sets' de clientes pueden ser segmentados en función de diferentes necesidades y atributos para asegurar que la implementación de la estrategia corporativa satisfaga las características del grupo de clientes seleccionado. Los segmentos de mercado son comunidades de clientes o negocios que son el objetivo de tu venta.

Los clientes pueden ser segmentados en diferentes grupos conforme a necesidades, comportamiento o cualquier otro rasgo que tengan en común. También puede ser definido por su demografía como edad, etnia, profesión, género, etc., o por factores psicográficos como hábitos de gasto, intereses, y motivaciones. Una organización puede escoger enfocarse en un solo grupo o múltiples grupos con sus productos o servicios.

Al relacionar tu segmento de mercado con tu propuesta de valor (visto en Propuesta de valor), puedes lograr un flujo de ingresos más lucrativo. Por esa razón, es fundamental que entiendas el significado de los diferentes segmentos de mercado y seleccionar cuidadosamente en cual enfocarte. Entonces tendrás que crear una propuesta de valor y emplear un modelo de negocio más ajustado a servir y satisfacer las necesidades de dicho segmento.

Una empresa puede categorizar a los consumidores en distintos grupos si poseen algunas de las siguientes características:

1. Los grupos de clientes tienen una necesidad en particular que justifica la creación de un producto que encaje con ésta.
2. El grupo necesita un canal de distribución diferente para ser alcanzado.
3. Los grupos requieren relaciones de diferentes tipos.
4. Existe una clara diferencia en el nivel de rentabilidad que cada grupo representa para la empresa.
5. Cada grupo de consumidores siente la fuerte disposición de pagar por una versión diferente de un producto o servicio, si este está ajustado a sus preferencias.

Entre las formas de identificar a qué tipo de segmento de mercado tu clientela se encuentra, revisa con atención las siguientes categorías:

Mercado masivo

Los productos y servicios que tienen como objetivo el segmento de mercado masivo son atractivos o satisfacen las necesidades de una gran sección de la población y no diferencia entre segmentos de clientes. Las propuestas de valor, los canales de distribución y las relaciones con los clientes son para el consumo de una gran cantidad de personas que tienen un problema común o necesidad que requiere ser cumplida.

Por ejemplo, una empresa que manufactura refrigeradores tendrá un rango ancho de mercado objetivo debido a que hay poca diferenciación requerida por la gente para su refrigerador.

Nicho de mercado

El nicho de mercado se refiere al segmento de clientes con características extremadamente definidas y necesidades muy particulares. Este segmento espera un producto a la medida de sus necesidades. Por esto, las propuestas de valor, los canales de distribución y la relación con los clientes son definidos acorde a las preferencias de segmento. Estos modelos de negocio son comunes en relaciones de comprador-proveedor. Un ejemplo de esta segmentación es la relación entre los manufactureros de partes de automóvil con los manufactureros de automóviles, de los cuales dependen para la venta de sus productos.

Segmentado

Algunos negocios escogen proveer productos y servicios a segmentos de mercado ya que tienen pocas variaciones entre sus necesidades y requerimientos. La empresa crea diferentes propuestas de valor, canales de distribución y relaciones con los clientes de acuerdo a estas pequeñas diferencias entre segmentos.

En la industria bancaria, un banco crea una distinción entre consumidores cuyo valor monetario neto es de cien mil dólares con aquellos cuyo valor monetario sea de un millón de dólares. Las diferencias entre estos dos tipos de consumidores son pequeñas pero significativas. Habitualmente, un banco encontrara más lucrativo invertir en crear propuestas de valor, canales de distribución y relaciones con los clientes separadas para ambos segmentos.

Diversificado

Una empresa que opta servir segmentos de mercados variados básicamente está eligiendo segmentos con pocas necesidades y deseos.

Los perfiles de los clientes se conectan pero por diversas razones, una empresa decide invertir en ambos segmentos. Un ejemplo de esto es Amazon, empresa que empezó vendiendo libros en línea y debido a su crecimiento en los años siguientes, su infraestructura en las Tecnologías de Información se volvió cada vez más sofisticada permitiendo así balancear su propuesta de valor. Amazon empezó a ofrecer su infraestructura en TI a través de servicios en la nube a clientes de negocios. Por ende, ahora tiene clientes individuales y clientes empresariales.

Multi-plataforma
Cuando los segmentos de clientes están relacionados a través de la dependencia, tiene sentido servir a ambos lados de la ecuación. Por ejemplo, para una compañía de tarjetas de crédito no sólo es imperativo que los clientes opten en usar sus plásticos, también es importante que las tiendas sólo los acepten, si alguno de los segmentos falla, el otro le seguirá. Actualmente uno de las incursiones en línea más exitosas es eBay, la cual opera un segmento multi-plataforma al requerir la presencia de ambos (compradores y vendedores) para su continuo éxito. Si eBay no tiene una base de clientes suficientemente grande para sus vendedores, éstos no estarán interesados en promocionar sus productos. De la misma forma, si los compradores no tienen una multitud de vendedores de donde elegir, éstos podrían buscar otros medios para satisfacer sus necesidades.

Una vez que conoces los diversos grupos o categorías en las que puede encajar tu segmento de mercado objetivo, tienes que diseñar el perfil de tu cliente.

Perfil de tu cliente
¿Qué es el perfil del cliente? Es el que define el segmento de cliente de manera más clara para la organización, al entender los trabajos del mismo y evaluar sus ganancias y malestares. Para facilitar este proceso, usaremos de nuevo *The value proposition canvas* de Strategyzer:

The value proposition canvas
El lienzo de la propuesta de valor

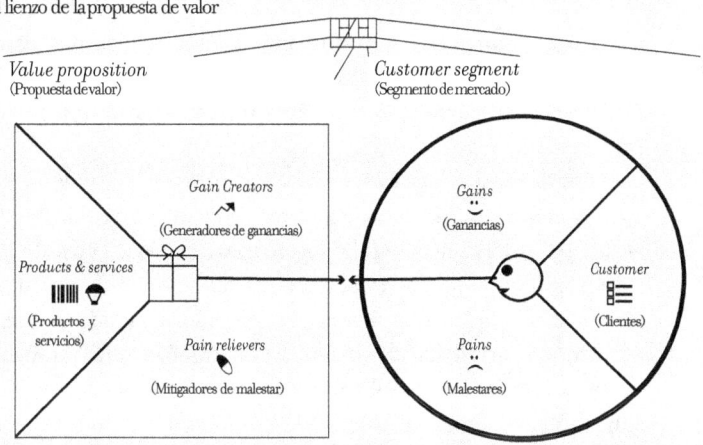

Tabla 6

Para este apartado, nos enfocaremos en la sección del Segmento del cliente:

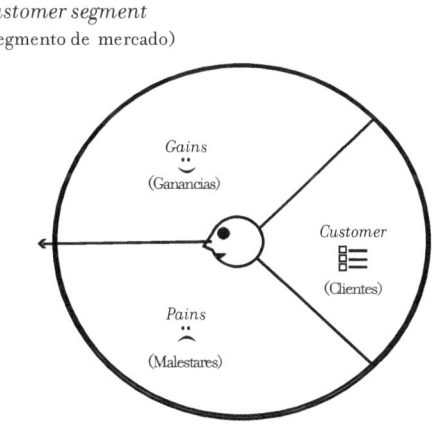

Tabla 7

Antes de crear el perfil de tu cliente, debes entender los diversos arquetipos en los que puede recaer, y son los siguientes:

- **Curador.** Alguien que examina información y opciones a su alcance, y filtra las opciones más relevantes a su audiencia.
- **Difusor.** Comparte información sobre el valor a una gran audiencia.
- **Creador de tendencias.** Es aquella persona que tiene una cantidad significativa de audiencia que lo sigue, la cual tiene los mismos gustos y escucha atentamente las sugerencias de productos a utilizar y que servicios contratar. Puede ser una clase de gurú o crítico.
- **Celebridad.** Alguien que cuenta con una base de seguidores que, a sus ojos, nunca hace algo malo. Comúnmente es un famoso cuyos movimientos son observados y sus patrones de compra son emulados por la audiencia.

Una vez identificado y entendido lo anterior, del lado del Segmento de cliente, tenemos el perfil del cliente, del cual de manera estructurada divide o segmenta 3 elementos clave que tienes que describir, definir y conocer de él o ella:

1. Trabajo del cliente
2. Malestares
3. Ganancias

Trabajos del cliente

Estos describen lo que los clientes tratan de lograr en sus vidas personales y profesionales. Puede referirse al trabajo que buscan, necesidades para satisfacer o desafíos a superar. Es importante que tú como emprendedor pienses desde la perspectiva de tu cliente potencial para entenderlo mejor.

Existen diversas categorías para los diversos tipos de trabajos que un cliente quiere cumplir, mismas que se presentan a continuación:

- **Trabajos funcionales.** Tareas y resultados específicos que el cliente está tratando de alcanzar. Son simples y fáciles de definir, por ejemplo, cocinar, terminar la tarea, comer más saludablemente.

- **Trabajos sociales.** Describen cómo un cliente desea proyectarse en un ambiente social. Esto incluye querer encajar en cierto grupo o multitud particular, o tratar impresionar al jefe con una presentación en el trabajo.
- **Trabajos personales/ emocionales.** Los clientes también trabajan para sentirse de una manera en particular. La mayoría de la gente aspira a triunfar en una tarea difícil, por ejemplo, participar un triatlón.
- **Trabajos de soporte.** Los clientes también consumen o compran valor, haciendo un trabajo de soporte. Los siguientes tres roles contribuyen a este tipo de trabajos:
    - **Comprador de valor:** este trabajo incluye cualquier compra de valor y puede incluir evaluar opciones disponibles y alternativas hasta firmar por el envío o pago de un producto que hayas seleccionado.
    - **Cocreador de valor:** son trabajos en los cuales tienes una mano en la creación de un producto con la organización. Esto puede incluir *brainstorming* de ideas para el diseño de un producto hasta probar el producto y ofrecer *reviews* en línea.

Contextos de trabajos

Al evaluar los trabajos del cliente, es de suma importancia evaluar el contexto en la cual el trabajo fue realizado, porque este tiene el poder de impactar el tipo de trabajo. Existe una marcada diferencia entre cómo un cliente aborda el ir a ver una película con sus hijos y cómo aborda ir a ver una película con una pareja potencial.

Importancia del trabajo

Los trabajos sostendrán diversos grados de importancia dependiendo de su impacto y las prioridades de los clientes. Es importante para el emprendedor reconocer cuáles son cruciales para el cliente y cuáles podría descartar o sustituir.

MALESTARES DEL CLIENTE
Estos malestares son condiciones que previenen al cliente de llevar a cabo un trabajo o provocar emociones negativas antes, durante y después de realizarlo, los riesgos de hacerlo o los resultados negativos que pueden surgir.

Estos malestares pueden ser categorizados en diversos tipos: funcionales, sociales, emocionales y auxiliares. También incluyen las características que lleguen a ser no deseables por el cliente.

Es importante investigar a fondo lo que causa malestar a un cliente, de esta manera entenderás su urgencia e importancia. Por lo tanto, si un cliente se queja acerca de haberlo hecho esperar en la fila por mucho tiempo, tú como el emprendedor puedes entender su malestar de una mejor manera al informarte de cuánto tiempo después de que un cliente empezara a hacer fila esto se vuelve un malestar insoportable para él o ella.

GANANCIAS DEL CLIENTE
Las ganancias son resultados o beneficios que el cliente desea. Algunas se dan por sentado pues el cliente está esperándolas al comprar un producto o servicio, pero otras pueden llegar a darse de manera sorpresiva, y resultan en asombro para el cliente, que puede verse beneficiado con ganancias de utilidad funcional, social, con emociones positivas y ahorro en gastos.

Ganancias requeridas
Son las ganancias esperadas más básicas por el cliente al comprar un producto. Por ejemplo, al comprar un teléfono inteligente se tiene la mínima expectación de que el celular le servirá para hacer y recibir llamadas.

Ganancias esperadas
De igual manera, son ganancias básicas pero no son necesarias para que el producto o servicio siga cumpliendo su propósito básico. Por ejemplo, si el smartphone es capaz de recibir y hacer llamadas, el cliente espera que sea de un diseño atractivo.

Ganancias deseadas
Estas ganancias representan o se encuentran en la lista de deseos de los clientes. Son muy cotizadas y atesoradas, además detonan en una gran satisfacción. Por ejemplo, una ganancia deseada de los teléfonos inteligentes es que sean fáciles de sincronizar con otros dispositivos.

Ganancias inesperadas
Son ganancias que nunca han sido expresadas por el cliente. Ideas e innovaciones que tienen el poder para revolucionar la experiencia con un producto o servicio; pero el consumidor no está consciente de estas ideas y sus beneficios potenciales hasta que le sean introducidos. Por ejemplo, la pantalla táctil fue una ganancia inesperada surgida en los celulares.

Es importante tener bien definidas las ganancias para el cliente de tal manera que el producto y servicio pueda ser confeccionado acordemente. Si una ganancia es "la necesidad de mejorar el desempeño" de un producto, es clave que la organización conozca qué nivel de desempeño será visto como una ganancia. Mientras mayor información poseas sobre las ganancias de tus clientes, tu propuesta de valor será mucho más interesante para tu segmento.

Ahora, para resumir todo lo anterior desgloso algunos pasos que recomiendo seguir para entender el *framework* con el que estamos trabajando:

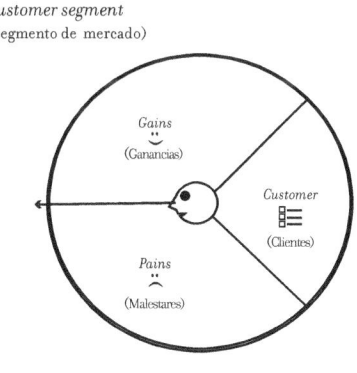

Tabla 8

1. Seleccionar un segmento de clientes que analizarás a detalle.
2. Descubrir que tareas o actividades buscan cumplir y escribir cada una en una nota diferente (apóyate en notas).
3. Los malestares del cliente incluirán los desafíos y riesgos que enfrentan.
4. Resaltar las ganancias que los clientes obtendrán.
5. Posicionar los trabajos en un *ranking*, los malestares y ganancias en orden de relevancia y severidad para el cliente.

Como toda herramienta, no sólo basta saber para qué se usa, también hay que conocer e informarse de cómo otras personas lo usan para sacarle más provecho. Recolecté algunas buenas prácticas y errores comunes de este modelo, y las describo a continuación:

Mejores prácticas
- Si estás enfocado en más de un segmento de mercado, te recomiendo tener una propuesta de valor separada para cada segmento.
- Los trabajos son quehaceres que el cliente está tratando de completar, problemas que ellos están buscando solucionar o necesidades que buscan satisfacer. Las ganancias por otra parte son resultados específicos que quiere alcanzar o, en el caso de malestares, evitar.
- No subestimes la importancia de los trabajos emocionales o sociales. En varios casos son mucho más urgentes para el cliente que los trabajos funcionales.
- Durante la creación de un perfil del cliente es imperativo que no se empiece con el fin en mente, es decir, no tomes tu propio producto o servicio en cuenta mientras identificas sus trabajos, ganancias y malestares. Asegúrate de crear un perfil holístico al cubrir todos sus trabajos, ganancias y malestares sin importar si son o no relevantes para tu producto o servicio.
- Un buen perfil de cliente estará lleno de notas porque un segmento típico tiene muchos trabajos, malestares y ganancias.
- Es necesario ser lo más específico posible al hablar de malestares y ganancias. Ganancias ambiguas como el incremento de salario toman mucho tiempo, o en el caso de los malestares, estos no te

darán mucho para trabajar como negocio. Debes especificar cuánto incremento de salario busca el cliente o qué cantidad de tiempo sería categorizado como demasiado por el cliente.

Errores comunes
- Crear un perfil de cliente que cubra más de un segmento.
- Tratar los resultados y los trabajos como lo mismo.
- Ignorar los trabajos emocionales y sociales.
- Mencionar solo aquellos trabajos, malestares y ganancias que son relevantes para tu producto o servicio.
- Estar satisfecho por tener solo unos cuantos trabajos, malestares y ganancias en tu perfil de cliente.
- Fallar en la descripción de los diversos trabajos, malestares y ganancias.

Caso de estudio

Tidepool es una *startup* digital de salud que provee una plataforma abierta a sus clientes. Es un mercado de ambos lados, identificados como "Pacientes y Fabricantes de Dispositivos".

Trabajos del cliente
- Pacientes: mantener presión y azúcar dentro del rango, hacer ajustes de terapia cuando no se encuentre dentro del rango.
- Fabricantes de dispositivos: diseñar, construir y vender dispositivos.

Malestares del cliente

Pacientes: soportar el malestar de la hipo e hiperglicemia cada día; con temor de perder a sus hijos por la diabetes.

Fabricantes de dispositivos: el software debe tener valor para los proveedores y que éstos puedan recomendarlos a los pacientes, crear software de gestión de datos; procesos legales.

Ganancias del cliente

Pacientes: un banco de información en la punta de los dedos que remueve la necesidad de hacer conjeturas.

Fabricantes de dispositivos: características innovadoras que atraigan a pacientes y proveedores por igual.

¿Cómo formar tu propuesta de valor teniendo el perfil del cliente?

Cuando el mercado valide la interacción real de tu propuesta de valor con tus clientes lograrás un ajuste de mercado de productos ideal.

A continuación, te muestro algunos ejemplos de empresas que tienen fuerte presencia en su mercado y cuentan con un encabezado de propuesta de valor bastante atractivo:

Empresa	Propuesta de valor (encabezado)
Opera	Hecho para descubrir.
iTunes	Nunca has sido entretenido tan fácilmente.
Pinterest	Unas cuantas (millones) de tus cosas favoritas.
Salesforce	No hardware. No software. No límites.
Evernote	Tu vida. Tu trabajo.
HubSpot	Crea mercadotecnia que la gente ame.
Skype	Donde sea que estés, donde sea que estén – Skype los mantiene juntos.

Debes recordar que aunque lo parezca, tu propuesta de valor no es un slogan. Un claro ejemplo es L'Oréal, con su famoso "Porque tú lo vales". Esta frase no es su propuesta de valor, más bien es una *catch phrase*, algo para fines publicitarios.

Ahora, en lo que respecta a la redacción de la misma, teniendo ya todos los elementos del canvas la propuesta de valor se puede redactar de la siguiente manera:

- Encabezado: en una oración corta mencionar cuál es el beneficio que estás ofreciendo (véase el recuadro anterior). Puedes nombrar el producto y/o al cliente, además de atraer su atención.
- Subtitulo: una explicación de lo que haces/ofreces, para quien y por qué es útil. De 2 a 3 oraciones.

· Viñetas cortas: enlista los beneficios clave o características.
Si ya cuentas con una propuesta de valor y buscas saber si es apropiada, analiza si responde a las siguientes preguntas:
· ¿Qué producto o servicio está vendiendo tu empresa?
· ¿Cuál es el beneficio final de usar tu producto o servicio?
· ¿Quién es tu cliente objetivo para este producto o servicio?
· ¿Qué hace a tu oferta única y diferente?

Ahora, en el mundo digital, la mejor manera que tus clientes potenciales puedan ver tu propuesta de valor es colocarla en la página principal de tu sitio web. Aquí vemos el ejemplo de una empresa, Evernote, que hace un buen trabajo:

(https://evernote.com/intl/es-latam/)

Como puedes ver, el diseño de la página web es simple, su propuesta de valor es clara, con encabezado corto y sólo una oración de dos líneas que explica más a fondo. Si puedes llegar a explicar tu propuesta de valor de esta manera, estás listo para lo siguiente.

3. CANALES

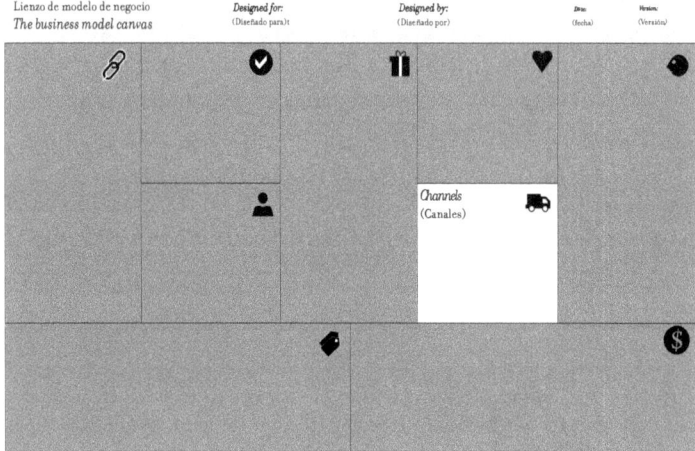

Tabla 10

Este apartado del modelo de negocio define cómo una organización comunica y provee valor a su segmento escogido. Los canales son puntos de encuentro por los cuales una organización sirve de enlace con sus clientes y así define sus experiencias. Éstos pueden ser categorizados como de marketing, de ventas o de distribución.

Los canales y las relaciones con el cliente están directamente enlazados con el "cómo" de una compañía, conectándose con su segmento de mercado escogido. La mayoría de firmas tienen un medio diferente para atraer a clientes y estrategias diferentes para retenerlos. Es aconsejable enlistar diferentes canales por cada segmento de mercado si tu empresa se enfocará a más de una.

Antes de la década de 1990, las empresas estaban severamente limitadas en su elección de canal. De hecho, sólo se hacía uso de un canal; el canal directo: en el cual un cliente iba a la tienda con las personas de venta y una distribución física ocurría. Ahora las empresas tienen la opción de usar canales físicos o web para entregar su propuesta de valor a su segmento de mercado.

El canal de distribución representa cómo una organización hará su producto o servicio disponible para el consumidor final. Un canal de distribución puede ser directo, lo cual significa que el manufacturero vende directamente al cliente, o puede contener intermediarios, quienes pueden comprar y revender el producto. Es el caso de los mercaderes, o el que representa al manufacturero sin ser dueño del producto, como agentes y *brokeres*. Las organizaciones tienen que tomar en cuenta múltiples factores al momento de decidir entre ser dueño de sus canales, establecer alianzas para proveer los canales o emplear una amalgama de ambos.

Una empresa que vende bombillas para faros puede acceder a múltiples canales como un sitio web en el cual los cuidadores de faros pueden ver y comprar diferentes tipos de bombillas, anuncios a través de Google Ads también son considerados canales. Si la empresa subcontrata servicios postventa a otra compañía, esta última también representa un canal que enlaza la compañía al usuario final.

Una estrategia de distribución bien elaborada puede volverse una ventaja competitiva para tu empresa, como es en el caso de gigantes como Dell y Amazon. Si tu canal de distribución está centrado en los consumidores (con esto me refiero a que está hecho para conveniencia del usuario final) será todavía más exitoso.

Seleccionando tu canal de distribución

En el momento de seleccionar tu canal de distribución hay que considerar cinco elementos para asegurar una buena conexión con tu negocio:

1. El número de segmentos de mercado o el tamaño del mercado en el que estés enfocando.
2. Inversión requerida para tu canal de distribución, esto incluirá un análisis de los diversos costos asociados como costo del valor absoluto, costo por cliente, costos fijos y variables y la rentabilidad de cada opción de canal que se ponga en la mesa de planeación.
3. Si el producto es estándar, la misma versión será atractiva para los diversos perfiles de clientes y pueda ser vendida a través de un canal externo o un producto no estandarizado que necesita ser

ajustado a las necesidades de los clientes y por ende la empresa necesita tener contacto directo con el cliente.
4. Cantidad de control requerida sobre el canal de distribución, éste puede ser caracterizado por una comunicación abierta y un libre flujo de información, o si hay una posibilidad de competencia del distribuidor, entonces una relación mucho más cerrada.
5. Es importante tomar en cuenta el tiempo que tomará establecer una relación saludable con el distribuidor así como la duración de esta; factores que contribuyen a la flexibilidad del canal.

Funciones de canales

A continuación algunos propósitos típicos de un canal:
1. Educar a los segmentos de mercado seleccionados por la organización acerca de los productos y servicios que provee.
2. Dar a los clientes la oportunidad de estudiar y evaluar la propuesta de valor de la empresa.
3. Proporcionar a los clientes la facilidad de comprar los productos y servicios que desean.
4. Proveer a los clientes con la propuesta de valor.
5. Satisfacer al cliente con los servicios postventa.

Fases de un canal

Para entender detalladamente lo que es un canal, tienes que conocer que como medio dichos canales atraviesan cinco fases, y puede pasar que un canal recorra más de una fase en cierto momento.

Fase 1: Conciencia

¿Cómo educas a tus clientes acerca de las características de los productos y servicios que ofreces? Esta es la fase de mercadotecnia y publicidad. Es el cómo permites a tus clientes conocer acerca de tu propuesta de valor.

Fase 2: Evaluación

¿Cómo puedes ayudar a los clientes a evaluar tu propuesta de valor? Esta es la fase de promoción o prueba. El cliente leerá, usará y evaluará tu producto además de formularse una opinión al respecto. Una buena empresa educará a sus clientes con otros competidores en el mercado y los ayudará a evaluar sus opciones. De esta manera, haces que tu propuesta de valor sea más clara para ellos y les haces entender porque eres mejor opción que tus competidores.

Fase 3: Compra
¿Cómo puedes ayudar a los clientes a comprar sus productos y servicios preferidos? Este es el proceso de ventas e indica el cambio de dinero por un bien y servicio particular.

Fase 4: Entrega
¿Cómo entregas la propuesta de valor prometida al cliente? Esta es la etapa de cumplimiento y define como el producto llegará al cliente.

Fase 5: Postventa
¿Cómo puedes proveer atención y soporte postventa al cliente? Esta fase crea partidarios para tus productos y servicios entre tu segmento seleccionado. También provee una persona específica al cliente para llamar cuando están teniendo problemas o dudas sobre el producto. Mientras más alto el valor de éste, lo más probable es que el cliente requerirá soporte postventa.

Tipos de canales
Este es el puente entre el cliente y la empresa, y éstos sus diversos tipos:

Canales propios
Un canal directo puede incluir tu fuerza de ventas, los cuales irán tras tu segmento de mercado y atraerlos. Un sitio web es otro canal directo que puede estar bajo el control de tu empresa.

También puedes tener tus productos en alguna tienda, sin embargo el cliente debe escoger ir a la tienda y entonces puedes venderle, pero esto sería una venta indirecta.

Al emplear tu propio canal tendrás una relación directa con el cliente y generarás un margen de ganancias mucho mayor. Sin embargo, requerirás más inversión para crear la infraestructura al entregar tu producto al mercado, y la producción del bucle de mercado será más lento. Adicionalmente tener aliados apalancará las relaciones de largo plazo con los minoristas a los cuales no tienes acceso.

Canales asociados
Constituye un canal indirecto. En este caso la empresa venderá algo al cliente a través de un intermediario.

Tu empresa puede hacer esto al posicionar sus productos o hacer accesibles sus servicios a través de una tienda o marca aliada.

Los mayoristas pertenecen a los canales asociados. Por ejemplo, las vinaterías crean alianzas con mayoristas en diferentes países para vender su vino al cliente final.

Con un canal asociado habrá un margen menor en el producto pero podrá llegar al mercado mucho más rápido, y por esto, requerirá menor inversión para la infraestructura.

La marca **Heineken** entrega su cerveza a varios mayoristas, bares, tiendas, supermercados y cadenas de minoristas. De manera alterna, la cervecera usa diferentes canales de distribución para llegar a sus clientes.

Apple tiene una red de tiendas así como revendedores Premium. Ellos también venden sus productos a través de redes móviles, cadenas de minoristas y sitios web. Existen diferentes canales de distribución en uso al mismo tiempo con diversos márgenes de ganancias. Sus tiendas están extremadamente bien desarrolladas así como experimentadas para cualquier cliente que pueda llegar. Esto puede impactar las ganancias de la tienda, pero también permite a Apple comunicar toda una experiencia a sus clientes, y es a través de esta experiencia que se establece una relación directa con el cliente.

Ventajas y desventajas de canales de distribución alternativos

Distribución directa
La distribución directa puede hacerse por medio de las ventas personales, internet, teléfono o correo electrónico.

- *Ventas personales*: en este caso existen muchas conveniencias para el cliente, incluyendo una demostración personal, entrega en casa y satisfacción garantizada. El costo de un canal de venta directa, especialmente si está basado en ventas personales, es bajo y puede ser fácilmente costeable por ti al empezar tu negocio. Las ventas personales son una magnifica forma de establecer una relación estable con el cliente y ayudar a obtener perspectiva hacia las preferencias de clientes aún más grandes. El ROI (regreso de la inversión, por sus siglas en inglés) en las ventas personales es bastante alto y tu empresa puede ejercer control sobre la imagen de la marca y el posicionamiento de la empresa. Sin embargo, si tu organización es más grande, los costos de ventas personales pueden ser prohibitivos. Este canal de distribución está limitado por su alcance y crea mucha dependencia en la gente, quien podría abandonar la empresa y tomar sus clientes con ellos.

- *Internet*: provee un canal de bajo costo que puede ser redireccionado a una amplia base de clientes. Proporciona conveniencia a los clientes en la forma de acceso instantáneo, usabilidad y personalización. También es una increíble fuente de información que está disponible 24/7 y les da la oportunidad de establecer comunicación de dos vías con la empresa, esto se traduce en retroalimentación y preferencias a compartir. Eso sí, el internet es una herramienta impersonal que no permite al cliente y a tu empresa establecer contacto "humano". De igual manera, existe la posibilidad de molestar al cliente al enviarle *spam*. También limita la interacción del cliente con el producto y necesita de una inversión para la infraestructura.
- *Teléfono*: es una forma poco costosa de establecer contacto directo con el cliente. Se pueden establecer relaciones, crear clientes potenciales y alcanzar a éstos en áreas remotas. Sin embargo, el teléfono, siendo subcontratado a países del tercer mundo y usado como un medio para el marketing puede parecerle molesto, antiguo e invasivo a tus clientes.
- *E-mail*: es otro medio directo que no tiene costo y puede abarcar una gran audiencia, es fácil de personalizar para diferentes segmentos de clientes y permite una fácil alteración. Es una manera fantástica

de crear imagen para la marca, comunicar innovaciones o nuevos productos. Como los otros medios, también existen desafíos, como la posibilidad de que los clientes consideren tus correos como mail basura o decidan nunca revisar su contenido. Este medio tiende a tener un bajo ROI.

Distribución indirecta

Esta puede ser a través de mayoristas, minoristas, agentes o *brokers* y distribuidores. Ahora te presento las características de estos personajes.

- *Minoristas:* tienen características positivas como una infraestructura establecida compuesta de tiendas, páginas web y estrategias de mercadotecnia agresivas. Los minoristas tienen marcas establecidas que proveen un refuerzo a tu marca, cuentan con un servicio personal y servicio postventa, sin olvidar que son una fuente de inteligencia del consumidor así como del mercado. Este canal, sin embargo, deriva en menores márgenes y una pérdida de control; hay una desconexión con el cliente final y el minorista puede acomodarte en sus tiendas junto a la competencia. Este es un canal complejo que puede llegar a ser costoso para un nuevo negocio.
- *Agentes y brokers (intermediarios):* estos representantes proveen ventas personales y han establecido relaciones con clientes. Tienen una red de contactos extensa, menores costos de distribución y son una fuente de inteligencia de mercado, ellos asumen el rol de promover el producto o servicio. Lo negativo de este canal es que es mucho más sensible a la hora de establecer precios, difícil de controlar y sobretodo de entrenar. Pueden llegar a representar marcas de la competencia y mantener lealtad al mejor postor. Este canal también significa que la empresa tiene menor control sobre imagen como marca y no tiene oportunidad de establecer una relación directa con sus clientes.
- *Distribuidores*: Ellos tienen una base de clientes enfocada, asumen riesgo de inventario, tienen un mayor alcance y están técnicamente entrenados; sostienen marcas que compiten entre ellas, tiene voz en el precio final del producto y tu empresa deja de tener un control total sobre el *look* del producto. Poseen poca inteligencia del cliente y representan una inversión adicional.

Caso de estudio

Google es la empresa tecnológica más grande del mundo. Su producto principal es un motor de búsqueda que es el más usado actualmente.

La compañía emplea dos canales para entregar sus propuestas de valor a sus segmentos de mercado. Ha creado equipos de ventas globales y de soporte, así como una fuerza de venta de múltiples productos.

1. Para sus clientes individuales, Google tiene un enfoque DIY (Hazlo Tú Mismo, por sus siglas en inglés) con un alto nivel de automatización para hacer el proceso conveniente y atraer al googler promedio.
2. El equipo de ventas globales y de soporte de Google consta de equipos especializados a través de industrias que establecen relación con los anunciantes y miembros de la red de contactos, los ayudan a obtener máximo valor de su relación con Google.

Estas divisiones de Google están enfocadas en la creación de alianzas con anunciantes importantes y empresas de internet Premium.

4. RELACIÓN CON EL CLIENTE

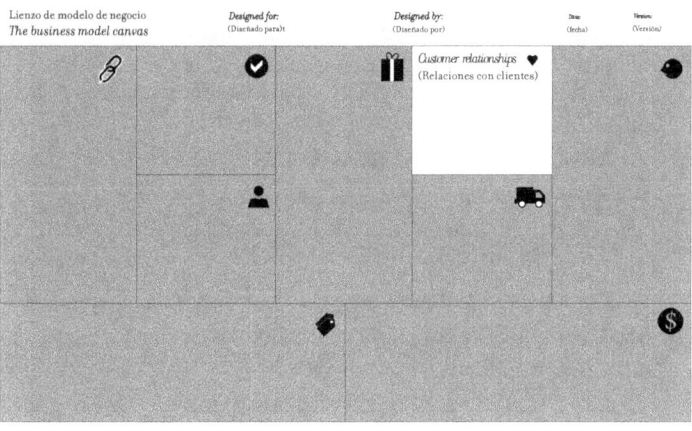

Tabla 11

Este bloque del modelo de negocio dicta la naturaleza de las relaciones que una organización desarrollará con sus diversos segmentos de mercado. Una empresa podría escoger comunicarse con sus clientes

a través de su gente o de formas automatizadas. Las relaciones con el cliente que la empresa opte están basadas en el modelo de negocio de ésta e impacta enormemente en la experiencia general del cliente. Las relaciones son dependientes de tres motivaciones principales:
- Adquisición de clientes
- Retención de clientes
- Aumento de ventas

ADQUISICIÓN DE CLIENTES

Es el proceso para persuadir a un cliente a seleccionar el producto de tu empresa sobre las diversas opciones disponibles en el mercado. Las empresas usualmente gastan muchos de sus recursos evaluando la compensación entre el costo de adquirir un cliente y el valor que éste provee a la empresa.

Existen un numero de tácticas disponibles para cualquier emprendedor que esté interesado en adquirir clientes para su negocio. Para tu comodidad, las presento a detalle:

1. **Content Marketing:** para los emprendedores con recursos limitados, ésta es una alternativa muy útil y atractiva. Aunque muchas empresas puedan optar por este medio, se ha comprobado que es extremadamente efectiva para aquellos que la emplean inteligentemente.

2. **Optimización de motores de búsqueda (SEO):** '*Content Marketing*' significa que tienes tu nombre y la información relevante para tu marca y empresa disponible en línea. Mientras más gente sea expuesta a este contenido y sea comparable, más alto será tu posicionamiento en los resultados de búsqueda, los cuales son una de las maneras más efectivas de hacer notar tu producto a tus clientes objetivos.

3. **E-mail Marketing:** el tráfico dirigido a una empresa desde el uso de SEO y *Content Marketing* puede darte acceso a abundantes clientes potenciales. Cuando los clientes se subscriben para recibir información y noticias sobre tu producto o servicio has logrado obtener un cliente sin tener que invertir en una fuerza extensa de ventas.

4. **Redacción de textos publicitarios:** las palabras tienen un poderoso impacto en la manera que tu producto o servicio será posicionado y percibido por el cliente. Los redactores de este tipo de textos pueden jugar un rol instrumental en asegurar el éxito del posicionamiento de tu marca, así como atraer a los clientes correctos hacia tus productos o servicios.
5. **Optimización de tasa de conversión:** mientras más clientes atraiga tu empresa, más grandes serán tus oportunidades de adquirir cada uno de ellos al hacer mínimos ajustes a tu contenido.
6. **Redes sociales:** a pesar de la popularización de las éstas como una herramienta de adquisición de clientes, no puedes hacerte dependiente de esto para impulsar tu marca en el mercado. Al momento de ser usadas en colaboración con otras tácticas las redes sociales pueden elevar cualquier producto o servicio significativamente.
7. **Analítica:** no es suficiente movilizar la difusión de tus productos o servicios a través de los medios anteriores. Si tu empresa no utiliza los datos obtenidos de alguno de estos recursos y es analizada para entender mejor a tus clientes, no estás tomando totalmente la ventaja de la inversión que has hecho.

Retención de clientes

Se refiere a la relación a largo plazo que la empresa establece con sus clientes. Mientras una empresa tenga más clientes que repitan su compra de productos o servicios, más ayuda obtendrá para promocionar su producto o servicio y para adquirir clientes adicionales.

A continuación describo algunas estrategias que puedes usar para retener a tus clientes y formar una relación a largo plazo con ellos:

1. **Representa algo:** los clientes son más leales a marcas con las cuales se identifican o con aquellas que representan características o rasgos que les gustaría emular. Es imperativo que una empresa seleccione lo que la marca representa.
2. **Utiliza pruebas socialmente positivas**: sitios web que proveen al cliente de hechos que muestran como usan sus productos

para mejorar a la comunidad tienden a recibir ayuda de estos para retener más clientes.

3. **Invoca al ego interno:** los clientes automáticamente se inclinan hacia productos que reflejan alguna cualidad que ellos consideran poseer. A esto se le llama "egoísmo implícito" y puede ser una estrategia muy efectiva. Tu empresa solo necesita conocer por dentro a tu cliente (tener un claro entendimiento del lenguaje que emplean, sus deseos y necesidades), para ser capaz de conectarse con ellos y mostrarles como la empresa y sus productos son una extensión de ellos mismos.

4. **Usa las palabras que los clientes aman escuchar:** ciertas palabras tienen un profundo impacto en los hábitos de compra del cliente, y si el producto o servicio cumple la promesa de estas palabras, la retención de clientes se vuelve más fácil.

5. **Reduce puntos de malestar y fricciones:** si diriges la atención a un punto de malestar para tu cliente o resuelves un problema por éste, lo retendrás por más tiempo.

6. **Date cuenta que el presupuesto es despreciable:** la mayoría de las empresas se niegan a dar algo de vuelta al cliente, sin darse cuenta que darles un descuento, aun si es muy pequeño, sorprenderá al cliente y lo hará regresar más seguido.

7. **Utiliza reciprocidad sorpresiva:** sorprender al cliente al proveerle un favor como un descuento o algo gratis inesperadamente. El impacto del mismo se quedará grabado en la cabeza del cliente por más tiempo.

8. **Hazlo personal:** al proveer servicio personal a los clientes incrementas las oportunidades de crear un cliente repetitivo.

9. **La velocidad es secundaria a la calidad:** comúnmente las empresas cometen el error de escoger la velocidad de servicio sobre la calidad del mismo, pensando que los clientes apreciarán la compensación. Sin embargo, estudios muestran que los clientes son más propensos a regresar si se le da importancia a la calidad.

10. **Los clientes aman los negocios que los conocen:** cuanto más tiempo un empleado o tú pasen con el cliente proporcionando

un nivel de personalización, estará más seguro de que la empresa lo conoce y así se garantizará su regreso.
11. **Escoge la plataforma correcta:** es importante conocer qué canal de comunicación es el preferido por los clientes y utilizarlo al máximo para mantener tu presencia asegurada en la mente del cliente.
12. **Conviértelo en un esfuerzo en conjunto:** todos los elementos de tu empresa deben de estar completamente comprometidos y en guardia cuando se habla de servir al cliente.
13. **Haz que la gente se involucre:** los programas de lealtad son frecuentemente utilizados si las empresas sobrepasan la resistencia inicial de los clientes y asegura que están automáticamente suscritos. Una vez que la pelota está rodando, son más propensos a mantener el curso.
14. **Haz que clientes ideales se vuelvan VIP:** los humanos somos competitivos por naturaleza y estudios han respaldado esta observación al mostrar que la gente aprecia ser asignada a una clase de cliente en particular, si está por encima de otra clase en un programa de lealtad.
15. **Etiqueta a tus clientes**: los clientes son más propensos a regresar si asociarse con su marca les pone alguna etiqueta o clasificación en ellos.

Incremento de ventas

Las empresas están constantemente enfocadas en incrementar las ventas y habitualmente usan una estrategia conocida como *upselling*, la cual requiere representantes que convenzan a los clientes a comprar más de los productos de su empresa. Al usar una combinación de lingüística, empaquetado de productos y disminución del precio general y vender productos dependientes, las empresas aseguran que el cliente compra lo más que se pueda de sus productos.

Las empresas comúnmente proveen programas de incentivo que recompensan a los empleados que son capaces de incrementar sus ventas a través de técnicas como el *upselling* y piden a otros empleados lograr lo mismo. Sin embargo, dichos programas son estrictamente guardados en secreto para que el cliente no se entere, ya que esto puede romper la relación de confianza que hay entre éste y el representante.

Puede que ya hayas experimentado dicha técnica, a continuación enlisto algunas formas en que se aplica:

- Preguntar a un cliente si le gustaría agregar una bebida o papas a su orden en un puesto de comida rápida.
- Convencer a un cliente que busca arreglar su laptop de que debería de instalarle más RAM, o un disco duro más grande.
- Sugerir a un cliente que quiere arreglar su celular que debería actualizar a una nueva versión (más reciente) del dispositivo.

Normalmente existen dos técnicas que los mejores *upsellers* utilizan:

1. Los *upsellers* exitosos normalmente son investigadores y observadores quienes conocen el perfil del cliente, particularmente se enfocan en su nivel económico, demografía, preferencias y aspiraciones sociales. Estos ayuda al vendedor a personalizar su *pitch* al gusto del cliente.
2. Otra técnica común es el uso del miedo. Al permitir que el cliente conozca que el producto pronto se agotará del inventario debido a la demanda, o hacerlos comprar servicio postventa o garantías para artículos costosos al hacerlos saber que el producto es sensible y necesita ser operado por manos expertas.

Categorías de relaciones con el cliente

Las relaciones con los clientes pueden ser divididas en seis categorías principales que puedan empalmarse en una empresa que se relacione con diferentes segmentos de mercado.

Categoría 1: Asistencia personal

Este tipo de relación con el cliente está caracterizada por el contacto humano. Los clientes tienen la oportunidad de interactuar con un representante de ventas mientras están realizando su decisión de compra o con un representante de servicio al cliente para servicios postventas.

Categoría 2: Asistencia personal dedicada
Este tipo de relación con el cliente toma la asistencia personal a un nuevo nivel al asignar representantes dedicados al cuidado de cada cliente. Toma algo de tiempo y fineza para desarrollarla y está caracterizada por la personalización que emplea el representante para mejorar la experiencia del cliente dentro la empresa. Los bancos, por ejemplo, asignan un solo punto de contacto para clientes importantes, los cuales cuentan con una relación larga con la institución bancaria así como un valor neto alto.

Categoría 3: Auto servicio
El modelo DIY ha ganado popularidad debido a que las empresas buscan métodos para recortar los costos que llegan a tener un reflejo directo en el precio que se le ofrece a los clientes. En esta clase de relación la empresa provee todas las herramientas que un cliente podría necesitar para darse el servicio por sí mismo.

Categoría 4: Servicios automatizados
Servicios automatizados son el siguiente nivel del auto servicio al proveer maquinaria y procesos que incrementan la conveniencia para los clientes para desempeñar los servicios por sí mismos. Estos tipos de servicios son usualmente mucho más personalizados y usan el comportamiento del cliente a través de plataformas en línea para crear un perfil que es utilizado para proveer sugerencias al cliente y así aumentar su experiencia de compra. Los servicios automatizados pueden ser enlazados de muchas maneras a la asistencia personal por el nivel de personalización que va dentro de la experiencia.

Categoría 5: Comunidades
En nuestro ambiente, actualmente impulsado por las redes sociales, las comunidades son una excelente manera para que las empresas entiendan a sus clientes, obtener información de sus hábitos, perspectivas y crear una plataforma en la cual los clientes puedan

juntarse y compartir conocimiento y experiencias. De esta manera, no solo la empresa forma una relación personal con sus clientes, pero estos vínculos son fortalecidos por las relaciones adicionales de los clientes con otros.

Categoría 6: Cocreación
Las empresas están buscando cambiar la naturaleza de la relación con el cliente al involucrarlo en el diseño y creación del producto final. Esto da al cliente mayor presencia sobre el producto y servicio y normalmente resulta en el surgimiento de un producto o marca líder en el mercado. Por ejemplo, Amazon fomenta a los clientes a publicar reseñas de libros en su sitio web para que así otros lectores puedan informarse de los libros y encuentren gente con gustos similares, esto pule la evaluación de compra por parte del usuario. YouTube, por otro lado, depende enteramente de su cliente en la creación de contenido.

Caso de estudio

Starbucks
Starbucks se enfoca en crear relaciones a largo plazo con sus clientes y ha sido realmente exitoso en esta empresa. Al volverse tan accesible a sus clientes a través de su atmosfera única (que es uniforme globalmente), asegura a sus clientes la misma experiencia sin importar donde están comprando su café. Por lo tanto, los clientes han integrado completamente Starbucks a sus vidas. Además, la empresa ha creado aplicaciones móviles y de lealtad que aseguran el regreso de los clientes al proveerles con reciprocidad, sorpresa y gastando en ellos.

Google–Facebook
Google y Facebook tienen una enorme cantidad de clientes alrededor del mundo y por este motivo no son dependientes a un segmento de mercado fijo para seguir con sus negocios. Esto significa que ambas empresas son libres de fijar sus precios, por lo que los clientes deben de acatarse ya que las dos empresas poseen un gran poder. Ambas compañías promueven una relación "hazlo tú mismo" al crear productos publicitarios de autoservicio basado en subastas.

5. RECURSOS CLAVE

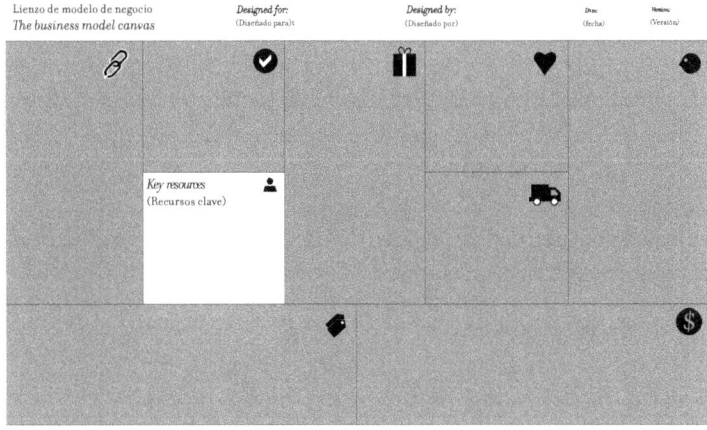

Tabla 12

Los recursos clave son las principales inversiones que tu empresa usa para crear tu propuesta de valor, servir a su segmento de mercado y entregar el producto al cliente. Estas son las cosas importantes que necesitas tener para que tu modelo de negocio funcione; los modelos de negocio usualmente están basados en un número tangible e intangible de recursos. Son los principales bienes que la empresa requiere para crear el producto final y comúnmente se diferencian de los recursos clave que usa tu competencia.

Los recursos clave tratan con el fin operacional del espectro del negocio y define qué clase de materiales necesita, qué clase de equipo es requerido y el tipo de personas que se necesitan emplear. Este aspecto juega un rol directo para traer tu propuesta de valor al cliente y define lo mínimo que necesitas para cumplir a tus clientes.

El modelo de negocio de tu empresa es el mayor indicador del tipo de recursos clave a ser utilizados. Por ende, hay una clara diferencia entre los recursos clave empleados por un fabricante y un diseñador de microchips. El diseñador probablemente considere su recurso humano como el recurso clave, mientras el fabricante favorece a su equipo de producción.

Los recursos clave son relevantes al número y tipo de actividades esenciales en las que tu empresa se involucra. Al final, la calidad de tus recursos clave impactará la sustentabilidad y rentabilidad de tu empresa. Por ejemplo, si tu empresa aumenta sus ventas en un año y empieza a crecer más allá de las expectativas, solo podrás manejar cierto crecimiento si estás completamente consciente de tus recursos clave y qué impacto tendrá dicho incremento en ellos. Necesitas saber si tus recursos físicos serán capaces de proveer cierto nivel de demanda o requerirás inversión adicional. Similarmente, conocer si tus recursos humanos son suficientes o tendrás que buscar más talento para satisfacer tus requerimientos empresariales.

Tipos de recursos clave

Los recursos clave pueden ser categorizados en cuatro tipos: físicos, intelectuales, humanos y financieros. Además, una empresa tiene la opción de arrendar sus recursos clave, ser dueños de estos o de tener un proveedor que sea capaz de dar el acceso a estos recursos.

Recursos físicos

Los activos físicos son recursos tangibles que una empresa usa para crear su propuesta de valor. Estos incluyen equipamiento, inventario, edificios, fábricas y canales de distribución que permiten el funcionamiento del negocio.

Una empresa fabricante de microchips como Intel necesita plantas de semiconductores como recurso clave y sin una infraestructura adecuada disponible, la organización fallará en innovar y mantener las demandas y necesidades de sus clientes.

Recursos intelectuales

Estos son recursos intangibles como la marca, patentes, propiedad intelectual, derechos de autor, relaciones públicas, listas de clientes, conocimiento del cliente y tu propia gente, representa una forma de recurso intelectual. Estos recursos toman bastante tiempo e inversión, pero una vez desarrollados pueden ofrecer ventajas únicas a la empresa.

Nike y Sony son altamente dependientes de sus marcas para vender sus productos a un segmento de mercado que es fiel a ellas. Similarmente,

Microsoft y Adobe dependen del software que ha sido modificado y perfeccionado a lo largo de los años. Algunos negocios tienen recursos intelectuales bastantes formidables, como el caso de Google que ha comprado una librería de patentes de Nortel para incrementarlos.

Recursos humanos
Los empleados normalmente son los activos más importantes y más descuidados de una empresa, específicamente para empresas en la industria del servicio o que requieren una gran cantidad de creatividad y una base extensa de conocimiento; los recursos humanos como representantes de servicio al cliente, ingenieros de software o científicos son esenciales.

Un ejemplo son los conductores de FedEx, quienes son recursos humanos que se combinan con el recurso físico. En este caso los camiones que utilizan para entregar el producto a sus clientes y crear la experiencia FedEx.

Recursos financieros
Estos recursos incluyen efectivo, líneas de crédito y la habilidad de tener planes de opciones sobre acciones para empleados. Todos los negocios tienen recursos clave en finanzas, pero algunos tendrán recursos financieros más fuertes que otros, como los bancos que están enteramente basados en la disponibilidad de sus recursos clave. Un ejemplo es China Life Insurance, que vende seguros a una extensa base de clientes, sin embargo, si China Life Insurance no tiene suficiente capital para cubrir los reclamos de seguro, no será capaz de sobrevivir en el mercado.

Para un fabricante de autos los recursos clave son las instalaciones, como los robots ensambladores, la propiedad intelectual como las patentes e inclusive inteligencia del consumidor. Este último es muy útil cuando quieres ofrecer descuentos especiales a clientes pasados, además los diseñadores serían un recurso humano clave.

En términos de recursos financieros, un fabricante requiere de capital para invertir en una infraestructura e inventario, pero puede adicionalmente usar este recurso para proveer al cliente la opción de comprar carros en arrendamiento o tomar un préstamo en mejores términos que los provistos por bancos u otras instituciones financieras.

Recursos clave y propuestas de valor
La calidad y naturaleza de los recursos clave de una organización rige qué tan bien la misma empresa es capaz de cumplir su propuesta de valor.

Por ejemplo, retomando el caso del fabricante de autos, si la propuesta de valor es un vehículo de larga duración con calidad sustentable, al proveer una opción de financiamiento puedes asegurar que tu segmento de cliente quien valora un auto con larga vida pero no puede costearlo, pueda todavía comprar tu producto. Similarmente, el mejor diseñador de tu empresa no solo tiene valor funcional, también tiene valor en termino de cómo los clientes y competidores ven a tu producto.

Recursos clave acorde a tipos de negocio
El *Business Model Canvas* estipula que todos los negocios pueden ser categorizados en tres tipos, categorías que contienen negocios con requerimientos de recursos clave muy similares. Estas son: empresas impulsadas por el producto; empresas impulsadas por el alcance y empresas impulsadas por la infraestructura.

Empresas impulsadas por el producto
Estas son empresas que enfocan todas sus funciones en la creación y venta de un producto. Este tiene características únicas y un segmento de mercado dispuesto y deseoso de comprarlo. Los recursos clave para dichos negocios son intelectuales y humanos; ya que típicamente estas organizaciones poseen propiedad intelectual y experiencia en su particular industria y nicho.

Empresas impulsadas por el alcance
Estas empresas están dedicadas a proveer una propuesta de valor a un cierto segmento de mercado en particular. Una organización aspirando a especializarse en ser el proveedor de TI (Tecnologías de Información) de todos los bufetes de abogados de un área cae en esta categoría. Dichos negocios tienen recursos clave en su desarrollada

inteligencia acerca del segmento de mercado selecto, un grupo de procesos establecidos y en algunos casos infraestructura como centros de servicio especializado.

Empresas impulsadas por la infraestructura
Estas empresas alcanzan la rentabilidad a través del apalancar su desarrollada e implementada infraestructura. La industria de telecomunicaciones invierte fuertemente en desarrollar su infraestructura en un país y luego recolecta las recompensas por años a través de pequeñas inversiones para mantener su sistema actualizado. Los minoristas son de este tipo de negocio porque dependen primordialmente de su infraestructura ya establecida para sostener su rentabilidad a largo plazo.

Muchos emprendedores fracasan en pensar estratégicamente al evaluar los recursos clave a elegir para sus negocios. En vez de eso, les surge la idea de recursos genéricos comunes en cualquier negocio en la industria que están por operar. Es imperativo hacer una evaluación de cada uno de los recursos clave listados y revisar si el recurso mencionado es esencial para el éxito del negocio o no. Por ejemplo, recursos humanos talentosos son una necesidad para la mayoría de los negocios, pero uno debe ponderar si forman un bloque sólido en el cual depende el éxito o fracaso de la empresa.

Caso de estudio

Tarjetas Visa
Visa es una empresa de tecnología que ofrece soluciones de pago para instituciones financieras a nivel global. No provee asistencia financiera o líneas de crédito a sus clientes; en lugar de ello, provee a bancos y a otras instituciones financieras de una red de pagos que se constituye en un medio de comunicación y compartición de información entre diferentes empresas a través de varias industrias.

Provee valor a los tarjeta habientes al darles una forma segura y conveniente de hacer transacciones. Los comerciantes dan conveniencias agregadas a sus clientes cuando aceptan las tarjetas Visa y cargos bancarios por el uso de la tarjeta, así como cuotas de transacción y tasas de demora. Visa hace esto utilizando su recurso clave que es la infraestructura de procesamiento global que la compañía ha construido a través de los años. Esta infraestructura consiste en centros de procesamiento dispersos geográficamente que están enlazados entre sí y están programados para minimizar redundancia. Las operaciones de la empresa se enfocan en administrar y mantener esta infraestructura debido a que es clave para proveer seguridad, confianza, velocidad y eficiencia a sus clientes.

Ecoturismo
Supongamos que un emprendedor ha heredado un terreno boscoso, pero fue dado con la condición de no cortar los árboles y usarlos como madera o hacer cambios mayores al paisaje. Sin embargo, le surge la idea de que esto podría ser una oportunidad de negocio. Él ha decidido usar la tierra para retiros y cursos de aventura, como los que son del gusto de gerentes de grandes corporativos.

Para atraer esta clase de clientela el emprendedor necesitará instalar cabinas y crear cursos de aventura extensivos. Estos conceptos son propuestas de valor que requieren de capital intensivo, pero el emprendedor no posee los recursos.

Considerando que él podría adquirir estos recursos clave y construir el negocio, decide enfocarse a otro segmento de mercado. Él empezó por buscar la atención de ecoturistas que prefieren paisaje sin modificar y natural, un recurso clave que posee en abundancia. Los ecoturistas no poseen mucho dinero, pero el emprendedor puede ofrecer oportunidades de prácticas en el desarrollo de viviendas sustentables y agricultura ecológica, así los visitantes estarían felices de proveer fuerza laboral gratuita, ya que les da la oportunidad de desarrollar habilidades en un ambiente del cual no tienen acceso normalmente. De esta manera, ellos formarían la propuesta de valor para el fortalecimiento del principal segmento de mercado del emprendedor. Por lo tanto, el emprendedor puede usar sus recursos clave para servir a un segmento de mercado secundario, lo cual después lo pondrá en la posición de obtener recursos que atraerán a su segmento de mercado primario.

6. ACTIVIDADES CLAVE

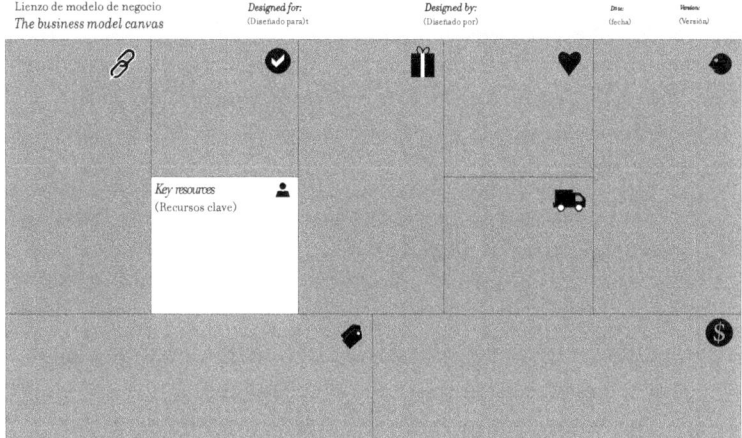

Tabla 12

Como el título sugiere, estas son las tareas más importantes que una empresa debe realizar para satisfacer el propósito de su negocio. Para ser exitosa, una empresa debe realizar acciones clave que están dictadas por un modelo de negocio. Como lo analizamos en el bloque de recursos clave, las actividades clave son esenciales en una organización tratando de cumplir su propuesta de valor, alcanzar a sus segmentos de mercado, sostener su relación con el cliente y por último crear un flujo de ingresos a largo plazo.

Las actividades clave son diferentes acorde al modelo de negocio que se está utilizando. Debido a esto, una organización que depende fuertemente de contactos de terceros enlistará la gestión del canal como una actividad clave. Una empresa impulsada por el producto le prestará más importancia a actividades como investigación continua para entender mejor a sus usuarios así como a la constante innovación en tecnología.

Por ejemplo, la actividad clave de un gigante como Microsoft es el desarrollo de software; para el fabricante de computadoras Dell, la gestión de la cadena de valor puede ser una actividad clave y una empresa consultora como McKinsey probablemente enliste la resolución de problemas del cliente como una actividad clave.

Cuestiones a considerar

Al evaluar tu negocio a través de las actividades clave es esencial tomar una vista holística del negocio y observar los bloques del modelo de negocio para entender cómo contribuirán con tus actividades clave. Es necesario preguntarse:

1. Con base en tu propuesta de valor, ¿qué clase de actividades son clave para tu negocio?
2. ¿Qué clase de actividades son clave para tu canal de distribución?
3. ¿Qué clase de actividades son importantes si lo que se busca es mantener relación con el cliente?
4. ¿Qué clase de actividades son fundamentales para tu flujo de ingresos?

Tu propuesta de valor será la que tenga el mayor impacto en el tipo de actividades que realizas. Sin embargo, conforme el negocio vaya creciendo, puede que llegues a incluir actividades innecesarias dentro de este bloque. Para prevenir esto, se usa un método conocido como Producto Mínimo Viable (MVP, por sus siglas en inglés), el cual es la versión más básica de tu producto a través de un ciclo sencillo de construcción, medición y aprendizaje. Muchos emprendedores se resisten al MVP debido a que se cree que para que un producto sea exitoso, debe de proveer el máximo valor a sus clientes.

Esto nos regresa al segmento de mercado y la propuesta de valor donde aprendiste que tienes que ser selectivo acerca del cliente en el que te estás enfocando y el tipo de valor que provees al identificar sus malestares y ganancias.

Crear un producto inflado con un montón de características que no son de valor para el cliente no es el camino a seguir. Un producto es una combinación de su forma y función, siendo lo que hace y forma detallando cómo lo hace. Esta forma es crucial para la experiencia de cliente y ayuda a determinar las actividades clave. De manera similar, el tipo de relación con el cliente que quieres establecer también implicará ciertas actividades clave.

Actividades típicas

Como lo mencioné, las actividades clave crean un puente entre tu propuesta de valor y las necesidades de segmento de mercado. Algunas actividades clave que son practicadas por la mayoría de las organizaciones se describen a continuación:

Investigación y desarrollo I+D

El departamento de investigación y desarrollo (I+D) es requerido para enlazar las funciones de la empresa, ya sean producción, mercadotecnia o ventas. Las funciones típicas de un departamento de investigación son:

- **Investigación de nuevo producto:** antes de que un nuevo producto se materialice, primero debe de pasar por el departamento de investigación y desarrollo, el cual recomendará cómo debería ser el diseño del producto, los costos esperados de producción y cuánto tomará para producir la suficiente cantidad del producto. Este departamento también analiza cuántos clientes quieren o necesitan el producto.
- **Desarrollo de nuevo producto:** I+D necesita analizar si los productos existentes requieren una actualización que tenga como base la evolución de las necesidades del cliente o nuevos participantes en el mercado. Estos cambios pueden (adicionalmente) ser atribuidos a fallos en el producto que necesitan resolución.
- **Controles de calidad:** la empresa puede pedir a su departamentos de I+D que realice controles de calidad, o también requerirle colaborar con el equipo de aseguramiento de calidad, debido a que ellos conocen las especificaciones del producto y son ideales para evaluar si todos los productos cumplen los estándares de calidad establecidos por la empresa.
- **Innovación:** el equipo de investigación y desarrollo es responsable de monitorear las innovaciones y nuevas tendencias

dentro de la industria y asegurar que sus productos se mantengan relevantes en dichas tendencias.

Producción

La gestión de la producción consiste en un número de actividades que son explicadas a continuación:

- **Selección de producto y diseño:** el primer paso es seleccionar el producto y el diseño correcto. Esto es una decisión crucial debido a que la combinación del producto correcto (propuesta de valor) y el diseño correcto (actividades clave) dictarán el éxito o fracaso de la empresa. Ingeniería de valor y análisis de valor son partes de esta actividad.
- **Selección del proceso de producción:** esta etapa consiste en decidir qué proceso de producción se estará usando, incluyendo la tecnología correcta, máquinas, sistema de gestión de inventarios, etcétera.
- **Seleccionar la capacidad correcta de producción:** la gerencia de producción debe tener total conocimiento de la demanda esperada para el producto y sentar la capacidad de producción de acuerdo a esta. Un análisis de punto de equilibrio es la herramienta más usada por los gestores de producción para llevar a cabo esta actividad.
- **Planeación de producción:** el gerente de producción debe decidir en la ruta y los tiempos del producto. La ruta está enfocada en crear un flujo continuo de trabajo al descubrir el de trabajo más sencillo y económico. Programar los tiempos refiere al tiempo de las actividades al mencionar un inicio y un final para cada uno.
- **Control de producción:** el gerente de producción es responsable de monitorear y controlar el proceso de producción. Esto se logra al comparar la producción planeada con la producción actual (o real), explorar desviaciones (si las hay) y corregirlas para cumplir con los planes de producción.
- **Control de costos y calidad:** en la actualidad, los consumidores son más exigentes pues buscan la máxima calidad por el precio

más barato, acceso a internet o un mundo de opciones. Es la responsabilidad del gerente de producción no sólo asegurarse que está mejorando la calidad del producto, sino reducir costos para que sus productos puedan mantenerse competitivos en el mercado en términos de precio.
- **Control de inventario:** es fundamental para los negocios impulsados por la producción, debido a que previene el exceso o la falta de inventario. El tener exceso de inventario hace que tu empresa gaste más dinero en materiales que al final serán desperdicios. La falta de inventario afecta la producción y resulta en un gran número de entregas atrasadas o pendientes
- **Mantenimiento y reemplazo de máquinas:** el gerente de producción debe revisar constantemente la condición de las maquinas bajo su responsabilidad.

Mercadotecnia

El departamento de mercadotecnia es responsable del crecimiento de una empresa al esparcir la palabra de la existencia de ella y el valor que provee a sus clientes. Las funciones de este departamento se explican a continuación:

- **Estrategia:** los miembros más experimentados del equipo son responsables de diseñar una estrategia para la empresa, que se genere a partir de sus objetivos generales y propuesta de valor, antes de proseguir y crear metas basadas en el mismo.
- **Investigación de mercado:** se debe tener total conocimiento del mercado en que la empresa estará operando, incluyendo sus fortalezas y debilidades frente al cliente, competidores potenciales y cualquier otro agente o participante en el mercado.
- **Desarrollo de producto:** el equipo de mercadotecnia trabaja constantemente con el equipo de desarrollo de productos. Esto con el fin de identificar posibles huecos en el mercado donde pueda ser introducido un producto que satisfaga una necesidad todavía no entregada a los clientes. Son aquellos que representan una fuente de perspectiva y visión hacia las necesidades de los

clientes y su sentir. Una vez que el producto sea desarrollado, el equipo de mercadotecnia también está involucrado en la decisión de precio del mismo.

- **Comunicaciones:** el departamento de mercadotecnia es responsable de toda la comunicación que saldrá al mercado con respecto a los productos o servicios de la empresa. La naturaleza de esta comunicación varía, desde comunicados de prensa hasta reseñas de productos, publicidad, correos, etcétera.
- **Soporte de ventas:** se trabaja cerca del equipo de ventas para proveerles *leads*, así como material promocional para clientes potenciales.
- **Eventos**: se debe tener responsabilidad al organizar y ejecutar los eventos como seminarios, lanzamientos de productos, exhibiciones, etc. Estos son clave para acercarse a clientes.

Ventas y servicio al cliente

Las ventas y el servicio al cliente juegan un papel clave en el comportamiento de compra, postcompra y en la experiencia del cliente. Este departamento es crucial para asegurar que construyas un cuadro de clientes que se volverán fieles a tu marca e impulsarán tu negocio. Sin embargo, estos clientes pueden perjudicarte si reciben una mala experiencia contigo. Los aspectos cruciales son el equipo de ventas y de servicio al cliente. Ellos realizan las siguientes responsabilidades en nombre de tu empresa:

- **Resolver problemas:** los representantes del servicio al cliente generalmente entran a la acción cuando los clientes llaman para quejarse. Su tarea principal es asegurarse que cuando un cliente irritado llega, hagan lo que está dentro del alcance de su trabajo para que se vaya satisfecho con la resolución del problema. Algunos representantes de clientes son empoderados para resolver problemas en el momento, al proveer un reemplazo de mercancía o reembolso de dinero.
- **Asistir en ventas:** los representantes de ventas son indispensables para ayudar a incrementar las ventas de la empresa. Logran esto

a través de la educación de sus clientes acerca de la propuesta de valor que el producto o servicio ofrece. Otros podrían ponerse en contacto con el cliente sobre mejoras en el servicio o características adicionales al actualizar el servicio, etcétera.
- **Tareas de oficina**: algunas empresas incluyen tareas administrativas dentro del rol de los representantes de servicio al cliente. Estas tareas pueden ser conectar llamadas a otros departamentos y mantener registro de las cuentas de clientes.
- **Responsabilidades específicas:** aunque el espíritu general del rol se mantenga, los detalles pueden variar dependiendo del contexto de la empresa y la realidad del mercado.

Caso de estudio

LinkedIn

LinkedIn es uno de los sitios web de redes de negocios más importantes del mundo. Las propuestas de valor que provee a sus clientes son las siguientes:

- Administrar perfiles profesionales y construir una robusta red de trabajo profesional.
- Elegir y alcanzar al talento correcto.
- Comunicarse con la audiencia correcta.
- Acceso a la base de datos de LinkedIn a través de aplicaciones y *widgets*.

LinkedIn es una empresa basada en una plataforma con un alto enfoque en proveer la capacidad de compartir a sus clientes. La actividad clave que realiza es el desarrollo de la plataforma. Por lo tanto, LinkedIn invierte mucho de su presupuesto y tiempo en asegurarse que la plataforma se mantenga escalable y usable con el crecimiento acelerado de su base de consumidores.

7. ALIADOS CLAVE

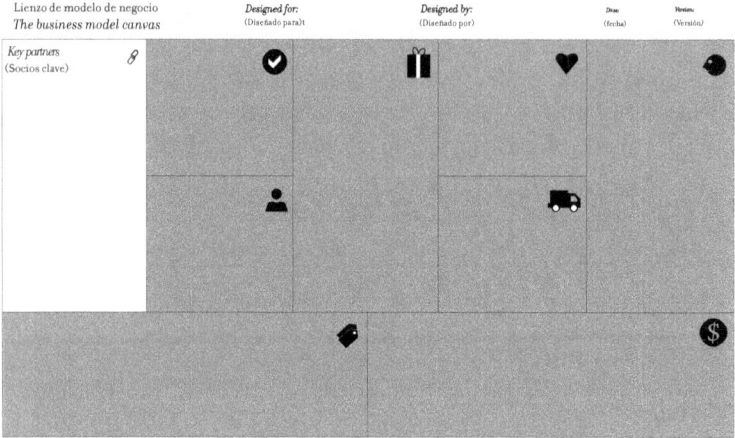

Tabla 14

Las alianzas entre negocios se dan cuando dos entidades comerciales forman una asociación, donde puede ser que mantengan una relación flexible en su independencia y estar en libertad de formar más alianzas o hacer un contrato exclusivo, lo cual limita a las dos empresas para mantener sólo una relación. Los siguientes factores son muy importantes para tener en mente al formar una alianza:

- **Acuerdos de alianza:** ya sea que tu alianza se realice con un negocio o un individuo, es importante para las partes involucradas tener claros los acuerdos asesorados por consejo legal.
- **Expectativas definidas:** un emprendedor necesita asegurarse de que ha compartido sus expectativas de manera abierta con su potencial aliado y viceversa desde el principio, ya que los negocios fallan en establecer sus expectativas de la alianza provocando mucha confusión y futuros conflictos.
- **Impacto en tus clientes:** al formar una alianza es importante evaluar tu propuesta de valor y tus recursos clave. Asegúrate que tu aliado llene los huecos en uno de ellos. Esto sólo puede hacerse al evaluar cómo la alianza se traducirá al cliente.

- **Situación ganar-ganar:** para que una alianza sea saludable y pueda sostenerse, se necesita ganancias visibles en ambos lados.
- **Escogiendo aliados:** algunas alianzas parecen lucrativas en teoría pero fallan al ejecutarse, o cambios en el contexto de negocio pueden hacer que algunas alianzas sean irrelevantes. En dichos casos, es importante terminar estas alianzas rápidamente para evitar futuros desperdicios de recursos.

Este bloque del modelo de negocio se refiere a la red de proveedores y aliados que hacen que el modelo de negocio sea efectivo. Las razones por las que una empresa opte por una alianza son numerosas, pero alianzas saludables son esenciales en el éxito o fracaso de un negocio. Una empresa puede optimizar el uso de sus recursos, crear nuevos flujos de recursos o mitigar riesgos al tener un aliado antes de iniciar un nuevo curso de acción. Es importante hacer notar aquí que si bien tu empresa se aliará con otras por diferentes motivos, no todas las relaciones serán clave para tu negocio.

Las alianzas pueden cambiar en el transcurso del ciclo de vida de tu negocio. El tipo de relaciones que puedes necesitar durante el primer año de tu *startup* pueden diferir de la naturaleza de la alianza en el tercer año.

Preguntas clave

Al evaluar las diferentes alianzas clave que tu negocio requiere, es fructífero analizar su naturaleza basada en las siguientes preguntas:

1. ¿Cuáles alianzas son críticas para mi negocio?
2. ¿Quiénes son mis proveedores críticos?
3. ¿Cuál de mis proveedores y aliados están otorgándome los recursos clave?
4. ¿Qué tipo de alianza se ajustaría a mis necesidades?
5. ¿Cuál es la mejor cadena de suministros en la cual debería ubicarme?

Tipos de aliados

Los aliados y alianzas pueden ser categorizados en cuatro tipos:

1. **Alianza estratégica:** estos tipos de alianza son entre no competidores. Normalmente para empresas que trabajan entre diferentes canales.
2. **Coopetición:** también pueden existir alianzas estratégicas entre aliados. Relaciones que ayudan a repartir el riesgo para ambas empresas. Puede ayudar a ambos cuando estén desarrollando algo nuevo; adicionalmente puede significar un flujo de suministros continuo.
3. **Proyecto en conjunto:** consiste en desarrollar una alianza en base a un proyecto en específico, comúnmente conocido como *Joint Venture*. Ambos aliados pueden tener un interés en desarrollar un nuevo negocio, posiblemente debido a la emergencia de un nuevo mercado o acceso a un área geográfica. Ambas organizaciones solo optarán por tal opción si ambas partes traen algo significativo a la mesa.
4. *Relación comprador-proveedor:* es el tipo de alianza más común. Ésta asegura que se tiene un flujo o fuente de recursos/suministros de tu proveedor y viceversa.

Motivaciones detrás de las alianzas

Formar alianzas puede ser difícil, ya que son situaciones que involucran negociación y mucha confianza. Puede haber un gran número de razones para que una empresa tome la decisión de tener un aliado clave en vez de hacer las cosas por si mismos, o tener un aliado pero no considerarlo como clave para el éxito o fracaso de su negocio. Primordialmente, una de estas tres clases de motivaciones puede ser atribuida cuando un negocio escoge introducir una alianza.

Optimización y economía de escala
La mayoría de las organizaciones se centran demasiado en el resultado final y otras se enfocan en el recorte de costos o el gasto inteligente al optimizar la ubicación de los recursos y/o actividades. Esta es la más común para que las personas entren en alianzas.

Cuando estés buscando eficiencia en tu empresa o busques optimizar tu cadena de producción, los aliados clave pueden ayudarte a alcanzar esta meta. Es irreal pensar que como emprendedor tienes los recursos suficientes para realizar todas las actividades clave por tu cuenta. Las alianzas le dan a las empresas la habilidad de compartir sus infraestructuras o subcontratar ciertas actividades a opciones más efectivas por su costo.

Reducción de riesgo e incertidumbre
Si tienes una buena relación con un aliado clave, reduces el riesgo inherente que viene con hacer tu propio negocio. También aseguras suministros para tu negocio en vez de ser dependiente en proveedores que no son aliados clave y podrían favorecer a otros negocios sobre el tuyo.

Muchos competidores pueden formar alianzas estratégicas para compartir el riesgo de traer algo nuevo en el mercado mientras compiten en diversos aspectos en la industria. Un ejemplo clásico de esto, es el nacimiento de la tecnología *Blu-ray* la cual fue desarrollada en colaboración por varias firmas de tecnología computacional y electrónica. El desarrollo de esta tecnología fue costoso por lo que muchos competidores tuvieron que unirse y decidir que todos venderían sus productos basados en la tecnología *Blu-ray*; por ende la necesidad de colaborar para hacer la tecnología *Blu-ray* más *mainstream*. El grupo unió fuerzas para llevar la tecnología a las masas pero todavía compite con sus diversos dispositivos en el mercado de consumo.

Adquisición de recursos y actividades particulares
Si existen ciertas cosas que no posees en tu empresa y que requieran una fuerte inversión de tiempo, dinero o ambos, un aliado clave que ya posea estos procesos e infraestructura desarrollada puede ser muy útil.

Los modelos de negocio pueden ser mapas extensivos de las principales actividades que un negocio debe de llevar a cabo o de los recursos ilimitados requeridos para desempeñar estas actividades exitosamente. Sin embargo, es raro para una nueva empresa tener los recursos o capacidades en orden para satisfacer el mandado establecido por el modelo de negocio. Muchas nuevas empresas están empezando sus travesías al formar alianzas que les den acceso a los recursos o procesos requeridos, pero que no son capaces de poseer por cuenta propia.

Aliados clave y propuestas de valor

Para productos de gran consumo la disponibilidad es clave para el éxito de una empresa y una propuesta de valor importante. Para los supermercados y cadenas de minoristas los aliados en la distribución son clave si quieres proveer tus productos al mercado. Tu ventaja es que tus productos estarán disponibles para todos, pero los supermercados impulsarán tu precio hacia abajo y de igual manera tus márgenes de ganancia.

La tecnología está avanzando de manera increíble, pero esto también incrementa el factor de riesgo. Sin embargo, si la tecnología forma parte de una propuesta de valor significante en tu empresa, entonces puedes aliarte con alguien para compartir el riesgo y el costo asociado con la tecnología en cuestión.

Enfócate en dónde estás creando valor, pero considera que el resto puede ser subcontratado cuidadosamente ya que son alianzas clave para tu negocio.

Caso de estudio

Starbucks

Starbucks ha establecido muchas alianzas clave, por ejemplo con los productores de café alrededor del mundo para crecer granos eco amigables. Esta alianza clave es una relación típica comprador-proveedor; motivada por la necesidad de adquirir recursos clave. Otra alianza clave es con fabricantes especializados de máquinas de café, quienes producen exclusivas para Starbucks. De nuevo esto ayuda a la empresa a mitigar costos debido a que no tiene que invertir en infraestructura, en I+D ni en fuerza laboral para crear estas máquinas. En vez de eso, es mucho más económico aliarse con una organización que ya cuenta con la experiencia en el área y tiene la infraestructura en orden para solventar las necesidades de la empresa. De manera inversa, Starbucks los provee con compra fija por sus productos, además del incremento en el prestigio que la marca les da a los fabricantes de las máquinas de café.

Un análisis comparativo de la red de aliados de Facebook y Google
A pesar de que Facebook tiene un gran número de aliados en su red, no es enteramente dependiente de ninguno de ellos. La mayoría de sus aliados proveen contenido valioso para sus usuarios así que la red social se alía con proveedores de contenido como Netflix, Washington Post, Hulu, etc. para proveer películas, artículos, música y otras formas de contenido para su base de suscriptores.

De manera inversa, Google tiene miembros de su red, que son empresas de contenido aliadas con el buscador para proveer de contenido a su motor de búsqueda. Proporciona acceso a los anunciantes a las páginas web de las empresas de contenido a través de su programa Google AdSense y en retorno comparte ingresos del programa con las compañías relevantes, llevando a una alianza mutuamente beneficiosa. Adicionalmente Google se alía con empresas de distribución para atraer tráfico a sus sitios web, sin embargo, estos son un grupo de distribuidores y el gigante tecnológico no es dependiente de ningún distribuidor.

8. FUENTES DE INGRESOS

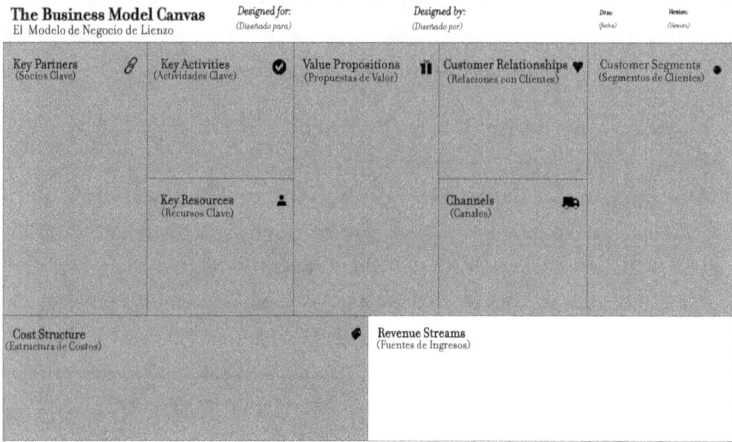

Tabla 15

Este bloque del modelo de negocio trabaja con los ingresos que se obtienen al restar los costos de los ingresos generados de cada segmento de mercado. En las empresas donde los clientes (generalmente) se consideran el corazón del negocio, los ingresos se comparan con las arterias. Las organizaciones deben evaluar el valor que proveen a cada segmento de mercado. Una evaluación precisa de este valor resultará en múltiples fuentes de ganancias siendo obtenidas desde un solo segmento.

Para un negocio no es suficiente citar como su mantra: "mantener feliz al cliente". Muchos negocios se enfocan en la política de atención al cliente, lo que da como resultado lienzos incompletos donde las fuentes de ingresos son ignoradas. Es importante diferenciar qué bloque representa el efectivo (no la utilidad) que la empresa ha obtenido en el presente.

Las fuentes de ingresos necesitan estar definidas claramente. No es suficiente enlistar las fuentes de los diversos ingresos, sino que es igualmente importante especificar sus precios y ciclos de vida proyectados. La razón de listar estos detalles es evaluar si es redituable optar por una fuente de ingresos o no. Si el costo de diseñar y producir un producto es mayor a lo que el cliente está dispuesto a pagar o más grande que los ingresos que el producto regresará antes de que su ciclo de vida termine, entonces no tiene sentido seguir con ese producto.

Muchos negocios dudan si deben o no analizar sus fuentes de ingresos debido a que se sienten incapaces de fijar el precio correcto sin crear un prototipo completo de solución. Sin embargo, una manera más efectiva de fijar el precio a un producto es entender qué rol juega el problema en la vida del cliente y cuánto está dispuesto a pagar para resolver dicho problema.

Las fuentes de ingresos son diferenciadas por mecanismos de fijación de precio: listas de precios fijos, de negociación, de subasta, dependencia del mercado, de gestión dependiente o rendimiento de volumen.

Desarrollar tu modelo de ingresos

El aspecto más importante de entender la fuente de ingresos de tu negocio es el pronóstico. Éste ejercicio se realiza en diferentes momentos de la vida de tu negocio, porque como el clima empresarial y la industria evolucionan, también debe hacerlo tu pronóstico. Típicamente hay dos tipos de pronósticos que realizan las organizaciones, de arriba abajo y de abajo hacia arriba. Enlisto a continuación los factores más importantes a considerar para decidir el modelo de ingreso que tu empresa seguirá:

Escoge el que mejor te quede
Elige un modelo de ingresos que se acomode mejor a tu organización y su contexto. En esencia, tu modelo de ingresos debería fijar la dirección de los esfuerzos que dedicas a desarrollar la empresa, por ejemplo, si tu empresa se caracteriza por una fuerte presencia de ingenieros, puede que sea prudente invertir en un modelo de ingresos centrado en la tecnología donde la investigación y el desarrollo utilicen la mayoría de los esfuerzos de la empresa.

Magnifica tu valor
El modelo de ingresos que escojas debe magnificar el valor que tu empresa ofrece. Tu modelo de ingresos debería realzar aquello que

separa a tu empresa de las demás, el valor único del cual puedes proveer a tu cliente objetivo.

Atrae a los inversionistas correctos
El modelo de ingreso que selecciones también es clave para atraer el tipo correcto de inversionistas a tu negocio. Cuando escojas áreas de desarrollo, ayuda que sepas en cuáles se desenvuelven o especializan los inversionistas, y desarrolla *pitches* a través de éstas, esto ayuda a cimentar la legitimidad de tu negocio en los ojos de los inversionistas. Es fundamental que te asegures de que éstos tienen una visión holística del negocio, y que buscarán permanecer en él por largo plazo.

Es una realidad innegable que los inversionistas quieren determinar cuándo rendirá frutos su inversión, y es importante que el emprendedor sepa cuándo el negocio empezará a hacer dinero y a volverse autosustentable. A pesar de esto, los emprendedores deben delimitar el tiempo de sus pronósticos. Cualquier predicción que se extienda más de uno o dos años es irreal y representa datos en los que no se puede confiar.

Sé flexible
La flexibilidad es una característica clave en nuevos negocios y se extiende hacia el modelo de ingresos. Tu estructura entera de negocio puede no cambiar, pero uno debe saber si el modelo está funcionando para el negocio o no, y si no, entender qué ajustes deben hacerse. Por lo tanto, un emprendedor necesita pasar una gran parte del tiempo pronosticando, repronosticando y viendo cuál permutación del modelo de ingresos cimentará su negocio en la forma más lucrativa.

Tu negocio se mueve en muchas variables y es esencial saber cómo impactan y qué factores tienen el mayor efecto en ellas. Las variables dependen de tus procesos y ciclos de vida. Debes observar cada variable por separado, y una manera de hacerlo es a través de un gráfico de sensibilidad que te ayudará a ver en qué punto mejoran los ingresos o cuándo empeoran, según la manipulación de las variables.

Sería ridículo no pensar en tus variables y sus posibles impactos en tu negocio. Existen riesgos en cada nueva empresa, y estar atentos a ellos es clave para tener un negocio exitoso. Como emprendedor, debes buscar mitigar los riesgos de las variables lo que producirá sensación de transparencia, la cual no sólo es importante para ti como un dueño de negocio sino que también es de gran interés para los inversionistas.

Tipos de fuentes de ingresos

Las fuentes de ingresos pueden dividirse en dos categorías: ingresos por transacción e ingresos recurrentes. Los ingresos por transacción proceden del cliente, cuando hace un sólo pago por un producto o un servicio, mientras que los recurrentes son los que se obtienen de pagos continuos, resultado del otorgamiento de la propuesta de valor o servicios postventa para el cliente.

Mecanismos de fijación de precios

Los mecanismos de fijación de precios se refieren al efecto de la fijación del precio de un producto en su oferta y demanda esperada. Cada fuente de ingreso puede tener su propio mecanismo de fijación de precio, mismo que tendrá un impacto significativo en los ingresos generados. Éstos pueden dividirse en dos tipos:

1. Precio fijo

Este tipo de fijación de precio se mantiene uniforme debido a la falta de variabilidad en los insumos que van hacia el producto.

- Precio fijado en lista es el tipo de fijación publicada por el manufacturero de un producto, servicio o propuesta de valor de una organización.
- Cuando el producto tiene un par de propuestas de valor importantes para el cliente, el precio tiende a ser fijado por la cantidad de dichas características, a esto se le llama dependencia de las características del producto.
- También existe un tipo de fijación que toma en cuenta el segmento de mercado al que va dirigido el producto o servicio. Ésta se llama fijación dependiente del segmento de mercado.
- La fijación de precio dependiente del volumen es simple de entender: mientras más cantidad de clientes compren, típicamente el precio bajará.

2. Precio dinámico
Este tipo de fijación de precio cambia de acuerdo con las variables que están dentro del producto así como las condiciones prevalentes en el mercado.

- Puede basarse en el regateo o negociaciones entre dos o más involucrados. El resultado de la negociación depende de quien tiene el poder en la mesa, así como de las habilidades de cada parte.
- Puede ser por subasta, donde el precio final depende de los clientes y sus percepciones del importe monetario del valor que el producto o servicio tiene. Usualmente, el producto o servicio atraviesa un proceso de ofertas donde los clientes objetivos comparten lo que están dispuestos a pagar por dicho producto o servicio. El cliente que propone el precio más alto se lleva el producto o servicio.
- Otro tipo de precio dinámico es la gestión del rendimiento, en donde el precio es completamente dependiente del inventario y el tiempo de compra. Es un tipo fijación de precio variable donde el producto o servicio tienen un tiempo límite, y las empresas usan inteligencia de los clientes para crear ingresos. Un ejemplo de este tipo son los hoteles y las aerolíneas.
- Finalmente, el mercado en tiempo real. En este tipo de fijación de precio, la responsabilidad del precio radica en la oferta y la demanda de un producto particular. El precio se mantiene fluctuando según cuánto los clientes quieren el producto y cuánto producto está disponible para vender.

Maneras de generar fuentes de ingresos

1. Venta de activos:
Esta clase de ventas se refiere a la transferencia de derechos de propiedad de un producto físico del vendedor hacia el comprador. Ejemplos claros son Amazon y Honda.

2. Tarifa de uso:
En el esquema tarifario, usualmente se paga un monto a proveedores del servicio por el uso del mismo. Por lo tanto, un proveedor de internet

probablemente le cobrará al cliente por usar su línea en cierto número de minutos durante un día o mes.

3. Tarifas de suscripción:
Cuando un usuario requiere un continuo acceso a los productos de una empresa, éstos pagan una tarifa de suscripción. Por ejemplo, un gimnasio que ofrece membresías anuales, mensuales, etcétera.

4. Préstamos, alquiler, arrendamiento:
Algunas empresas proveen sus productos a sus clientes con derechos exclusivos por un tiempo limitado a cambio de una cuota. Al final del periodo la empresa vuelve a obtener los derechos exclusivos del producto. Este tipo de modelo de ingresos representa un número importante de ventajas para la empresa y el cliente. La compañía disfruta de ingresos recurrentes del cliente por el periodo acordado, por otro lado, el cliente tiene acceso exclusivo del producto por el tiempo que este lo requiera sin hacer una fuerte inversión.

5. Concesión de licencias:
El licenciamiento se utiliza generalmente en productos o servicios que caen dentro del parámetro de propiedad intelectual. Esto abre el flujo de ingreso por los titulares de derechos, quienes de otra manera tendrían que invertir en manufactura.

6. Tarifa de corretaje:
Cuando una empresa actúa como un intermediario para facilitar la comunicación y transacción entre dos o más involucrados, ellos cargan una cuota. Un ejemplo de esto es cuando una firma de *headhunting* encuentra un candidato para una empresa buscando un grupo de habilidades específicas. La firma usualmente cobra un porcentaje del salario neto de la empresa, el candidato o ambos.

7. Publicidad:
Compañías que ganan cuotas a través de promocionar alguna otra empresa, producto o servicio, cobran una tarifa de publicidad por sus servicios. Tradicionalmente este tipo de ingresos era común en

la industria publicitaria. Sin embargo, con el *boom* del internet y el comercio electrónico, muchos sitios web también están usando a la publicidad como una fuente principal de ingreso.

Modelo de ingreso clave y preguntas de mercado

A continuación, te presento preguntas clave que pueden ayudarte a llenar este apartado del modelo de negocio de manera más efectiva:

1. ¿Qué beneficios motivarán a los clientes a pagar más?
2. ¿Qué beneficios están pagando los clientes en la actualidad?
3. ¿Cómo están pagando por estos beneficios ahora?
4. ¿Qué modo de pago sería el más adecuado para ellos?
5. ¿Qué porcentaje de los ingresos totales representa cada fuente de ingreso?

Caso de estudio

Google

Por ser una de las empresas líderes en internet, para este caso conduciré un análisis en el flujo de ingresos de Google. Provee sus servicios de manera gratuita para el usuario, así que los ingresos de la empresa surgen de la publicidad que las compañías le pagan para alcanzar a su bloque de usuarios en línea. Google ayuda a los anunciantes a crear anuncios a través de Google Adwords. Los primeros pagan entonces a Google dependiendo de cuando los clientes dan clic en el anuncio disponible. La empresa provee a los anunciantes con acceso a su red de miembros a través de su programa Adsense. Otra opción disponible para quienes anuncian es la tecnología Google DoubleClick, que consiste en habilitar anuncios de audio y video en el sitio de los miembros de la red de Google.

Google ha generado 96% de sus ingresos a través de publicidad, durante los últimos años, contrario a Apple, que ha generado 70% de sus ingresos a través de la venta de productos. El motor de búsqueda ha estado experimentando con otras fuentes de ingresos al evolucionar sus ofertas de búsqueda, extendiéndose en el espacio móvil. Inclusive se ha expandido a soluciones empresariales. Sin embargo, ninguna de estas avenidas ha resultado en flujos de ingresos mayores para la empresa.

9. ESTRUCTURA DE COSTOS

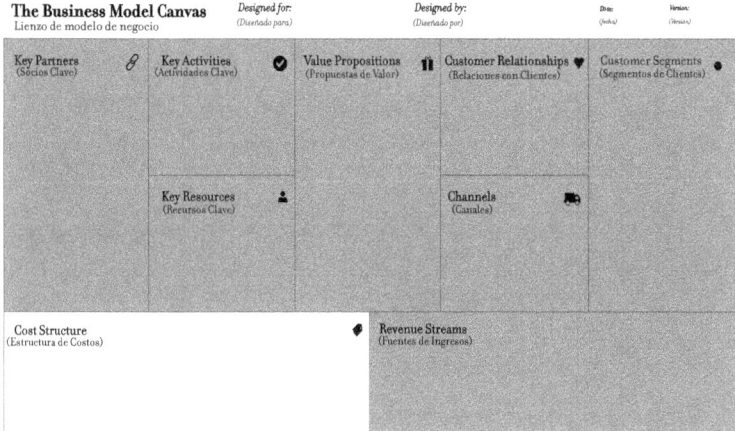

Tabla 16

Este bloque del modelo de negocio representa todos los costos que un negocio puede y tendrá, si opta por un modelo de negocio en particular. Una abrumadora mayoría de nuevos negocios falla en los primeros tres años debido a que no logró entender sus costos vigentes o lo que va a costar crear los bienes y servicios prometidos en su propuesta de valor. Al menos otros tres bloques del modelo están involucrados en la estructura de costos. Uno debe evaluar el costo de crear y entregar la propuesta de valor, crear fuentes de ingresos y enfocarse en relaciones a largo plazo con los clientes. Estas tres secciones del modelo de negocios representan una inversión financiera para el negocio. Sin embargo, cuando un emprendedor descifra efectivamente sus recursos clave, sus actividades clave y sus aliados clave, se vuelve más fácil calcular los costos. Si tienes una fuente de costo importante que no puede ser enlazada a una actividad clave, necesitas examinarla con mayor detenimiento. Ya sea que a tu bloque de actividades clave le hace falta un elemento clave, o bien que tus costos están siendo inflados por una actividad que no es importante pero que aun ha sido incluida en el modelo de negocio. Es importante notar que el costo puede ser una preocupación fundamental para algunos modelos de negocio.

Preguntas clave a realizar

Cuando realices un análisis profundo de tu modelo de negocio, es imperativo que hagas los cuestionamientos presentados a continuación, y que los tengas presentes al llenar el bloque de estructuras de costos del modelo de negocios.

1. ¿Cuáles son los costos fundamentales derivados desde mi modelo de negocio?
2. ¿Cuáles recursos clave representan un gasto significativo para mi negocio?
3. ¿Qué actividades clave representan un gasto significativo para mi negocio?
4. ¿Cómo mueven los costos mis actividades clave?
5. Las actividades mencionadas anteriormente ¿están enlazadas a las propuestas de valor de mi empresa?
6. Al explorar diferentes permutaciones de mi modelo de negocio, ¿los costos se mantienen fijos o son variables?
7. ¿Mi empresa es impulsada por el valor o por el costo?

Tipos de negocios por estructura de costo

Los costos siempre se mantendrán como una preocupación mayor para todos los negocios. Son, de hecho, una preocupación universal. Algunos negocios hacen que minimizar costos a como dé lugar se convierta en una misión organizacional, y todas sus estrategias y tácticas se derivan de esta meta. Los negocios pueden categorizarse en dos extremos con base en el volumen de bienes producidos. En cada extremo del espectro están los negocios impulsados por los costos o por el valor. Para ser honestos, las empresas tienden a caer en medio.

Impulsado por los costos

Como el nombre lo sugiere, tal modelo de negocio está enfocado en reducir costos. Se trata esencialmente de una carrera hacia el fondo. Esto obviamente impacta en los otros bloques del modelo de negocio.

Un negocio impulsado por los costos se enfoca en crear una estructura ligera de costos que ofrezca propuestas de valor baratas, un alto nivel de automatización, y la subcontratación de funciones costosas. Es importante rebajar los precios con base en los costos y gastos internos, en lugar de hacerlo con base en lo que la competencia está haciendo. Estas industrias experimentan todo el tiempo la tragedia de las guerras de precios. Durante una guerra de precios, los competidores recortaran sin cesar los precios para atraer a los clientes sensibles a los precios bajos. Sin embargo, si tu competidor es capaz de manejar sus costos y crear eficiencia operacional, será capaz de mantener a su negocio en los precios más bajos y seguir atrayendo clientes. Si tu negocio fracasa en esto, puedes llegar a establecer un precio que te frene en seco.

Impulsado por el valor
No todas las empresas están impulsadas por los costos. Algunas se enfocan en el valor que están proveyendo a sus clientes, por ello tienen un enfoque impulsado por ese elemento. Esta estrategia se caracteriza por un enfoque completo en la creación y entrega de alto valor, se trata de propuestas de valor altamente personalizadas, centradas en las preferencias del segmento de mercado. Claros ejemplo de esto son los hoteles de lujo o los diferentes negocios que ponen mucho esfuerzo en que sus clientes tengan experiencias de compra o de servicio extraordinarias.

Características de las estructuras de costo
Las estructuras de costos tienen múltiples características.
A continuación te proporciono mayor detalle:

Costos fijos
Los costos fijos son gastos del negocio que permanecen igual sin importar el volumen producido por la empresa. Estos costos tienen usualmente un plazo determinado, como los sueldos mensuales o el alquiler de espacios de oficina. Los negocios de fabricación se caracterizan por sus altos costos fijos, debido a la inversión requerida en rentar las instalaciones y el equipo. Sin embargo, es importante hacer notar

que los costos fijos no se mantendrán igual para siempre. En lugar de esto, pueden cambian con el tiempo, pero en todo caso, se mantendrán estables por cierto periodo.

Costos variables
Los variables son costos altamente dependientes del volumen de producción de la empresa. Se incurre en estos costos al fabricar un producto. Si no hay producción, no habrá costos variables. Por ejemplo, puedes tener costos de entrega, pero si los clientes no piden este servicio, entonces es posible evadir ese costo variable. Los costos variables son sensibles a cambios en la demanda y la oferta y no pueden ser predichos fácilmente. Éstos se incrementan directamente de manera proporcional al incremento en labor y capital. Los costos variables se ven repercutidos en facturas de utilidad y de materia prima usada para la fabricación del producto final.

Economías de escala
Mientras más alto el volumen, más bajo el costo por unidad. Las economías de escala son un beneficio disfrutado por las más grandes empresas con una cuota alta de producción. Esencialmente, es una ventaja de costo que grandes empresas aprovechan debido a su tamaño o escala de operación. La razón por la que los costos decrecen en la economía de escala es que los altos volúmenes de producción esparcen los costos fijos más finamente haciendo que el costo por unidad caiga dramáticamente; por lo tanto una empresa más grande tendrá una producción a menor costo por unidad que una empresa más pequeña, o una empresa con mayores instalaciones tendrá más ventaja que una con pocas. No sólo las economías de escala ayudan a bajar los costos fijos, también ayuda a la reducción de costos variables, el crear sinergias e incrementar la eficiencia.

Comprar a granel es un indicador común de la producción en masa y automáticamente lleva a economías de escala. Comprar a granel también conlleva a precios más bajos. Cuando compras en volumen, normalmente tienes una posición más fuerte al negociar y crear precios más bajos para tu materia prima. Esta es una táctica usada con éxito por

Walmart, ya que usa la compra a granel para negociar bajos precios por los artículos en sus tiendas. Esto lo coloca en una posición donde es capaz de transferir ahorros a sus clientes, ofreciendo precios aún más bajos que la competencia.

Economías de alcance

La reducción de costos en la economía de alcance se da cuando un negocio invierte en múltiples mercados o un largo alcance de operaciones. Se espera que el costo promedio de producción decrezca si una empresa opta por incrementar el número de bienes que produce. Una empresa debe tener ya una estructura en su lugar, con todos los departamentos en operación, como Mercadotecnia, Finanzas o Recursos humanos, para incrementar su alcance y por lo tanto economizar la estructura completa.

Las economías de alcance basadas en la diversificación de productos se dan naturalmente si los diferentes productos tienen procesos comunes o comparten el uso de algún recurso. Por lo tanto, gastar en publicidad para los productos o canales de distribución puede disminuir por unidad si dos o más productos requieren esfuerzos de mercadotecnia similares o usan el mismo canal de distribución. La creación de paquetes para los productos o *branding* son ejemplo de lo que hacen las empresas al tratar de materializar economías de alcance.

Mientras que las economías de escala son de fácil medición, tratar de medir las economías de alcance representa un mayor desafío.

Las economías de alcance poseen múltiples ventajas para los negocios. Los más visibles se listan a continuación:

1. Gran flexibilidad en el diseño y la mezcla del producto.
2. Incremento de la tasa de respuesta y disminución del tiempo de respuesta ante cambios impulsados por el mercado.
3. Procesos repetibles con mayor grado de control sobre su ejecución.
4. Reducción de costos, debido a que el desperdicio se minimiza.
5. Las organizaciones pueden predecir cambios y ciclos de manera más acertada.

6. Uso más eficiente de software y hardware.
7. Hay menos riesgo asociado con una empresa que vende múltiples productos, o se enfoca en diversos mercados o hace ambos. Incluso, si un producto o mercado cae, la empresa tendrá alternativas para mantenerse mientras se reajustan estrategias.

La marca Coca-Cola, por ejemplo, tiene un número importante de bebidas en el mercado, que no son Coca Cola. Y todavía diversifica más al lanzar una bebida como Coca Cola *Green Tea*, utiliza los canales de promoción y distribución ya establecidos y, como una sola empresa, logra un ahorro.

Caso de estudio

Google
Se reconoce a Google como una corporación multinacional que se especializa en productos y servicios basados en internet. Es una de las empresas de internet más grandes del mundo y ha alcanzado un éxito sin precedentes en los productos de optimización de motores de búsqueda. Posee fans leales alrededor del mundo y es el buscador preferido de millones.

Holísticamente, los elementos de costos de Google pueden dividirse en cuatro categorías:

- Investigación y desarrollo.
- Operaciones de los centros de datos.
- Adquisición de tráfico.
- Ventas y mercadotecnia.

Google invierte significativamente en su departamento de I+D con el propósito de traer innovación en productos existentes y crear constantemente nuevas soluciones. Este gasto ha ayudado a Google a mantener su posición en la cima, a pesar del corto ciclo de éxito que viven algunas empresas de internet. Esto se ha reflejado en economías de alcance para Google, debido a que ha logrado una vasta diversificación de productos, así como la entrada de la compañía al mercado de *apps móviles* o sus servicios de almacenamiento y difusión en la nube.

Se especula que Google tiene cerca de un millón de servidores globalmente y estos servidores ayudan a procesar cerca de un millardo de búsquedas diarias. Google ha invertido mucho en estos centros de datos y representan un costo fijo significativo para la empresa. Incluso la gestión de estos servidores representa un costo mayor para la compañía. Sin embargo, el alto volumen de búsquedas que estos centros procesan incrementa las economías de escala para la empresa y optimiza la capacidad de búsqueda de los servidores.

Los costos de adquisición de tráfico se refieren al dinero que se da a la red de Google a través de su programa de Adsense, o a los sitios que redireccionan usuarios hacia Google o que proveen la Google Toolbar a sus clientes. Todos estos participantes ayudan diariamente a la compañia a atraer más usuarios hacia sus productos y servicios.

Finalmente, Google invierte en publicidad y mercadotecnia dirigida a su mercado meta y a su público objetivo. Estos costos incluyen la fuerza de venta global que Google mantiene, misma que comercializa sus campañas así como su equipo de soporte, disponible para manejar cualquier queja del cliente.

¿POR QUÉ Y CÓMO USAR EL *BUSINESS MODEL CANVAS*?

- **Pensamiento visual:** el Canvas permite una representación visual y fácil para los tomadores de decisiones. La herramienta provee un desglose ordenado de las consideraciones mayores que impactan al negocio y también hace clara la dirección que la empresa está tomando a través de su modelo de negocio.
- **Rápida implementación:** si tienes la posibilidad de imprimir el lienzo tamaño póster, puedes usarlo en combinación con notas adhesivas para que evalúes cambios en el modelo de negocio.
- **Captar la relación entre los nueve bloques**: el Canvas permite al equipo ejecutivo entender de qué manera los nueve bloques se relacionan entre sí y las diferentes formas en que estas relaciones pueden cambiarse para incrementar la eficiencia o la efectividad del negocio. Una oportunidad o la necesidad de una innovación pueden detectarse a través del uso de esta herramienta.

- **Corto y sucinto**: la herramienta promueve a los equipos a mantener sus sugerencias lo suficientemente simples y cortas para encajar o caber en notas adhesivas.
- **Fácil de circular**: la herramienta permite el acceso fácil y la viabilidad de compartirse. El lienzo completo o en fragmentos puede intercambiarse físicamente entre el personal lo que hace de ésta una herramienta portable y conveniente.

Se dice que actualmente la historia más grande, reconocible, de éxito de un modelo de negocio es Apple. Apple cambió las reglas del juego en el mercado de la música cuando introdujo el iPod al mundo. A través de iTunes, Apple integró dispositivo, software y una tienda en línea dentro de una misma experiencia que fijó a la industria de la música en el oído del consumidor.

Aunque Apple no haya sido el primero en estar en el mercado del reproductor MP3, su modelo de negocio —único y excelentemente ejecutado— aseguró su éxito duradero. Este modelo de negocio era, en esencia, la unión sin fisuras de los componentes clave del modelo *Canvas* para aprovechar su propuesta de valor distintiva. Apple tiene alianzas duraderas a través de tratos que ha negociado con productores de música así que podría vender su música a través de su tienda.

Los ingresos de Apple proceden de la venta de sus iPods. Sin embargo, el beneficio añadido de la tienda en línea crea un paquete que los competidores tuvieron dificultad de igualar.

Considera estas explicaciones, esta teoría del modelo de negocio y tómate el tiempo para seguir avanzando en el libro.

Si toda esta teoría respecto al modelo de negocio te dejó algo mareado, entonces Mark Johnson, en su *libro Sezing the White Space*, podría ayudarte a tener un punto de referencia más claro de cómo iniciar. A continuación, te doy una lista de analogías adaptadas de ese libro.

¿No puedes pensar en un nuevo modelo de negocio?
Trata de adoptar una de las siguientes formas básicas.

Analogía	*Cómo funciona*	*Ejemplo*
Club de afinidad	Paga regalías a grandes organizaciones por el derecho de vender sus productos exclusivamente a sus clientes.	MBNA, Banco propiedad de Bank of America
Firma de corretaje	Junta compradores y vendedores, cobrales una cuota por transacción a un individuo.	Century 21 Orbitz
Empaquetamiento	Empacar bienes y servicios relacionados de manera conjunta.	Establecimientos de comida rápida iPod/iTunes
Celular	Cobra diferentes tasas por niveles discretos de servicio.	Sprint AT&T América Móvil
Crowdsourcing	Reúne a un gran grupo de personas para que aporten contenido de manera gratuita a cambio de acceso al contenido de otras personas.	Wikipedia YouTube
Desintermediación	Vende directamente, haciendo un lado al tradicional modelo de intermediarios.	Dell
Fragmentación	Vende el uso parcial de algo.	NetJets Time-shares
Freemium	Ofrece servicios básicos de manera gratuita, cobra por servicios premium.	LinkedIn Spotify

Analogía	*Cómo funciona*	*Ejemplo*
Arrendamiento	Renta, en vez de venta, alto margen, productos de alto precio.	Empresas de automóviles
Precios bajos	Precios más bajos por decremento de servicio.	Walmart IKEA
Ciclo de funcionamiento negativo	Precios más bajos al recibir pago antes de entregar la oferta.	Amazon
Pago por uso	Cobrar por uso medido.	Compañías eléctricas Empresas telefónicas e internet
Subasta inversa	Fija un precio máximo y recibe apuestas de los participantes mientras el precio baja.	Elance.com
Producto a servicio	En lugar de vender un producto, vende el servicio que el producto desempeña.	Zipcar
Estandarización	Estandariza un servicio previamente.	MinuteClinic

EL MÉTODO *LEAN STARTUP*

> *El éxito de una startup puede ser diseñado al seguir el proceso,*
> *lo que significa que puede ser aprendido,*
> *lo que significa que puede ser enseñado.*
> Eric Ries
> Autor y emprendedor

Una vez que conoces la herramienta más importante para la creación de una empresa, y ahora que tienes una visión clara de cómo desarrollar tu modelo de negocio; es momento de que inicies tu aprendizaje en las metodologías que hay para crear una empresa.

En esencia, sólo expondré una, y luego revisaré una más, derivada de la primera. ¿Por qué? Porque creo firmemente que es la adecuada para desarrollar una empresa en esta época. Además de que es la metodología que más me ha servido y que he estudiado en lo que respecta al desarrollo de empresa. Estoy hablando del método *Lean Startup*.

Para comprender esta metodología debes de olvidarte de los relatos fantásticos que describen a los emprendedores trabajando desde el garaje de su casa, inventores con capacidades extraordinarias con cuyo talento diseñan productos perfectos que cambiarán al mundo y que consiguen riquezas sin igual de la noche a la mañana.

Seré honesto, este ideal romántico, podría decirse, está muy alejado de la vida real, porque omite un hecho fundamental: una *startup* es una institución humana diseñada para crear un nuevo producto o servicio bajo condiciones de incertidumbre extrema.

Es lo extremo de esta incertidumbre lo que hace que una *startup*, sin importar que sea con o sin fines de lucro, no pueda ser administrada con los mismos métodos y estándares que utilizan las empresas tradicionales o ya establecidas. De igual manera, las nociones de éxito o fracaso no son las mismas, debido a que una *startup* requiere del fracaso y el aprendizaje continuos como mecanismos para evaluar las hipótesis iniciales que habrá de realizar.

Eric Ries definió al método *Lean Startup* como un conjunto de prácticas pensadas para ayudar a los emprendedores a incrementar las probabilidades de crear una *startup* exitosa.

Este método no es una fórmula matemática mágica exenta de errores, más bien podría considerarse como una filosofía empresarial innovadora que te ayudará a librar con astucia las trampas o callejones sin salida del pensamiento empresarial tradicional.

LAS BASES DE *LEAN STARTUP*

Para profundizar en esta idea, pensemos en un auto como la metáfora de una *startup*: un auto de combustión interna es impulsado por dos importantes circuitos de retroalimentación. El primero de éstos se encuentra dentro del motor. Cada pequeña explosión dentro del cilindro suministra la fuerza motriz requerida para hacer girar las ruedas del auto, pero a su vez, impulsa la ignición para la siguiente explosión. En caso de que este circuito de retroalimentación no se gestione o se realice con precisión, el motor se descompondrá.

Tu recién iniciada empresa tendrá un motor parecido, al cual llamaremos el motor de crecimiento, tomando como referencia la metodología *Lean Startup*. Cada nueva versión de un producto, cada nueva característica y cada nueva campaña de mercadeo es un intento de mejorar dicho motor de crecimiento. Pero no todos los cambios terminarán siendo mejoras. El desarrollo de nuevos productos tiende a darse en medio de grandes adversidades. La mayoría del tiempo de vida de una *startup* transcurre poniendo a punto el motor a través de mejoras en los productos, la mercadotecnia o las operaciones.

En este orden de ideas, el segundo circuito de retroalimentación importante es el que se da entre el conductor y el volante. Este circuito suele pasar desapercibido, ya que es inmediato y a veces hasta automático para nosotros. Si estás acostumbrado a manejar cada día para ir al trabajo o hacer otras actividades, probablemente conocerás la ruta de una manera tan detallada que puede llegar a parecer que tus manos conducen por sí solas. Ahora (en cambio) consideras el escenario del lanzamiento de un cohete. Los involucrados deben seguir instrucciones muy precisas: el mínimo error en el momento del lanzamiento pude desencadenar resultados catastróficos.

Desafortunadamente, muchas empresas parecen diseñadas como si intentaran lanzar un cohete en lugar de conducir un auto. Se trata de empresas que hacen un hincapié innecesario en los pasos que hay que dar y los resultados esperados, con un nivel de detalle que raya en la exageración. Observa en la industria y en el medio emprendedor que te rodea. Te darás cuenta de que no estoy muy lejos de la verdad. ¿Cuántas veces has encontrado pasos para hacer un plan de negocios con infinidad de detalles a realizar y rubros por llenar, antes de que siquiera crees un modelo de negocio?.

La mayoría de las herramientas de gestión tradicional no están diseñadas para que una empresa pueda desempeñarse de manera eficiente en situaciones de incertidumbre extrema, como las que rodean la creación y el crecimiento de las *startups*. El futuro es incierto. Ahora más que nunca, los consumidores disponen de una creciente gama de alternativas, y el ritmo del cambio en las condiciones del mercado se acelera constantemente. Aun así, la mayoría de las *startups*, ya sea que hayan sido creadas desde una casa o que surjan de empresarios establecidos, todavía se administran con perspectivas estandarizadas, hitos de producto, detallados planes de negocio o planificación estratégica tradicional.

Te comparto un caso de un cliente que tuve como consultor. El gerente me contactó para ayudarle a sacar su empresa adelante después de que cometiera un grave error. La empresa tuvo la desgracia de proyectar un nivel de aceptación bastante elevado para uno de sus nuevos productos. Impulsada por un deseo de éxito y confiada en un lanzamiento espectacular, la empresa ejecutó su elaborado plan. Desafortunadamente ya había invertido en infraestructura, contratación y apoyo masivo para lidiar con la cantidad abismal de consumidores que las proyecciones le hicieron creer que tendría. El golpe vino cuando las ventas no llegaron a materializarse. La empresa se había comprometido mucho, pero no pudo adaptarse a tiempo. Había fracasado ejecutando rigurosamente, con fe, un plan que resultó ser un descalabro monumental.

El método *Lean Startup* ha sido diseñado para enseñarte a conducir tu startup a través de la experimentación. En lugar de hacer planes complejos y detallados, con base en supuestos o proyecciones, este método te impulsa a realizar ajustes constantes con apoyo en una herramienta o gráfico que se llama circuito de retroalimentación, y que consiste en crear-medir-aprender. Este circuito es el núcleo del método. A través de este proceso de dirección podrás aprender cómo saber si te encuentras en el momento adecuado para hacer un giro drástico, conocido como pivote, o si de debes perseverar en la trayectoria actual de tu *startup*. Cuando se tiene el motor revolucionando, el método *Lean Startup* ofrece los mecanismos necesarios para que tu negocio se amplíe y crezca a la máxima velocidad.

Y es esta revolución —este proceso de conducción— la que te da la certeza de siempre saber hacia dónde vas. Si te mueves o manejas para ir a trabajar, simplemente no te detienes o te das por vencido si te encuentras con una calle cerrada en el camino. Te centras en llegar a tu destino.

De igual manera, las *startups* también tienen un objetivo, un destino incrustado en la mente: crear una empresa próspera que influya, cambie o mejore la vida de las personas, que ayude a cambiar el mundo. Este objetivo es la visión de las *startups*. Para poder llevar a cabo esta visión, tu *startup* deberá emplear una estrategia, que incluye un **modelo de negocio** (el que vimos anteriormente), u**n mapa de productos, un enfoque relativo a los socios y los competidores, e ideas sobre quiénes serán los consumidores.**

El producto es el resultado final de dicha estrategia. Los productos cambian de manera constante a través del proceso de optimización. Hay momentos en que la estrategia debe cambiar (el pivote). Sin embargo, la visión general de la *startup* suele no cambiarse. Los emprendedores tienden a darlo todo con tal de apreciar su *startup*, llegar a su objetivo. Cada obstáculo es una oportunidad para aprender cómo llegar a la meta, y se convierte entonces en **conocimiento validado.**

Como podrás ver, el método *Lean Startup* redefine los esfuerzos de una *startup* como experimentos que prueban tus estrategias para identificar qué partes son brillantes y cuáles simplemente no llevan a nada. Y como todo experimento verdadero, sigue el método científico. Se empieza con una hipótesis que establece predicciones. Después, se prueban empíricamente dichas predicciones. De la misma manera en que la experimentación científica se basa en la teoría, el proceso de experimentación de una *startup* se guía por su visión. El objetivo de cada experimento de tu *startup* es descubrir cómo crear un negocio sostenible a partir de la visión.

Caso de estudio:
Pensemos en Zappos, la mayor tienda de zapatos en línea del mundo. Durante sus inicios, las cosas no iban tan bien. Su fundador, Nick Swinmurn, se sentía frustrado porque no existía ningún un sitio en línea que contuviera una gran selección de zapatos. Él visualizaba una experiencia de venta al detalle totalmente nueva y superior a cualquier otra. Swinmurn podía haber pasado mucho tiempo insistiendo en probar su visión completa: almacenes enormes, socios de distribución y promesas de ventas significativas. Pero muchos de los primeros sitios de comercio electrónico hicieron exactamente esto durante la época de la "burbuja .com" del año 2000. Conocemos muchos casos de grandes fracasos, entre los que se cuentan las empresas Webvan y Pets.com.

A diferencia de estas empresas, Swinmurn empezó con un solo experimento. Su hipótesis era que los consumidores estaban listos y deseaban comprar zapatos en línea. Para probarlo, empezó a pedir a tiendas de zapatos locales permiso para tomar fotos de sus inventarios. Para ganar las autorizaciones necesarias, Swinmurn les dijo a las zapaterías que subiría las fotos a internet y que regresaría a comprar los zapatos al precio de la tienda si el consumidor se los compraba a él en su sitio web.

Zappos empezó con un producto simple y pequeño, que estaba diseñado para responder a la pregunta fundamental: "¿Existe suficiente demanda para una experiencia superior en la compra de zapatos por línea?". Sin embargo, un experimento bien diseñado para una *startup*, como con el que Zappos empezó, supera el mero hecho de probar sólo un aspecto de un plan de negocio. En el proceso de probar tu primera hipótesis hay muchas suposiciones que también se llegan a probar. En el caso de Zappos, para vender zapatos tenía que interactuar con los consumidores, recibir pagos, administrar las devoluciones y encargarse de la atención al cliente. Esto es totalmente distinto a la investigación de mercado. Si Zappos hubiera efectuado un estudio de mercado como lo dicta la planificación tradicional, la empresa habría podido analizar lo que los consumidores **creen que quieren**. Pero al crear un producto, aunque simple, la empresa aprendió muchísimo más.

El primer experimento de Zappos proporcionó un resultado claro y cuantificable: un grupo suficientemente grande de consumidores dispuestos o no a comprar los zapatos. Esto permitió a la empresa observar, interactuar con ellos y descubrir más sobre los consumidores reales y los socios potenciales. Aunque consideres los primeros esfuerzos de Zappos como de pequeña escala, esto no evitó que la gran visión de la empresa se convirtiera en toda una realidad. Si recuerdas, Zappos fue adquirido por Amazon en 2009 por una cifra cercana a los mil 200 millones de dólares.

La unidad esencial para medir el progreso de tu *startup* es el aprendizaje que vas obteniendo. El esfuerzo que no es necesario para saber qué quieren los consumidores puede eliminarse. Lo que obtienes es conocimiento validado porque siempre se puede demostrar, a través de mejoras en los principales indicadores de tu *startup*. Como has visto, es fácil ser engañado por ti mismo sobre qué quieren los consumidores; también es fácil aprender cosas que piensas que son totalmente irrelevantes para tu negocio. Por lo tanto, el aprendizaje validado se basa en datos empíricos que se obtienen de consumidores reales.

CIRCUITO DE RETROALIMENTACIÓN

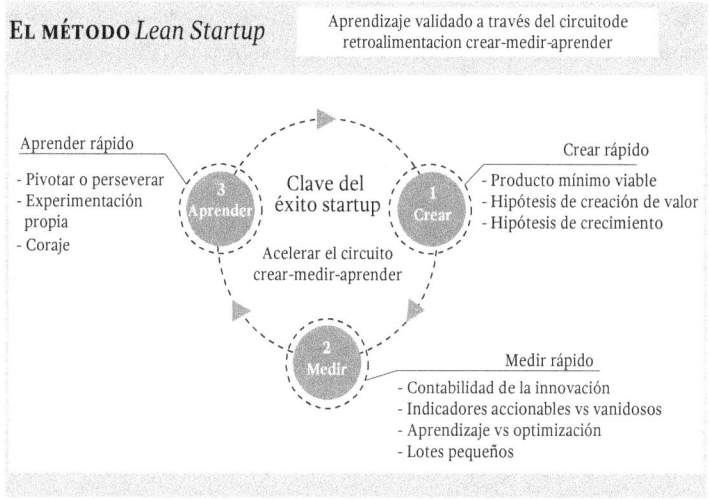

Tabla 18

Paso 1. Crear

En el año 2004, tres alumnos llegaron a Silicon Valley con su red social universitaria recién creada. No era la líder del mercado de las redes sociales, ni siquiera la primera red social universitaria; anteriormente, otras empresas habían lanzado sus productos con muchas más funcionalidades que la de estos alumnos.

Por supuesto, ya habrás adivinado o intuido quiénes son estos tres alumnos de quienes escribo: Mark Zuckerberg, Dustin Moskovitz y Chris Hughes, creadores de Facebook. Su historia de éxito es mundialmente famosa hasta el día de hoy. Muchos aspectos de su historia son notables, pero yo quisiera centrarme en uno solo: cómo Facebook consiguió obtener tanto dinero de inversores de capital de riesgo.

De acuerdo con las fuentes, lo que más impresionó a los inversionistas fueron dos cosas: primero, la cantidad de tiempo que los usuarios activos de Facebook pasaban en la red social, y segundo, la tasa a la cual habían logrado establecerse en sus primeros campus universitarios sin haber gastado ni un dólar en publicidad o estrategias de mercadotecnia. Esto significa que la razón por la que Facebook atrajo el interés de los inversionistas fue la validación de las dos cuestiones de acto de fe más importantes a las que se enfrenta cualquier *startup*: **la hipótesis de creación de valor y la hipótesis de crecimiento.**

Durante esos años muchos expertos criticaron a los primeros inversionistas de Facebook, afirmando que la empresa no tenía un modelo de negocio claro y que sólo ofrecería modestos ingresos con relación a la valoración que ofrecían sus inversionistas. Pero lo más sorprendente de Facebook es que no pagaba nada para obtener clientes, y el gran logro de esta empresa era que estaba acumulando una cantidad masiva de atención diaria por parte de los consumidores, lo que era increíblemente valioso y tentador para anunciantes potenciales.

Tras escuchar la historia de Facebook, o similares, muchos emprendedores pretenden construir el siguiente Facebook o cualquiera que sea la empresa que esté de moda; pero cuando llega el momento de intentar aplicar las lecciones aprendidas, rápidamente pierden el rumbo. ¿Acaso es una lección que podamos rescatar de la experiencia de esta red social que las *startups* no deben cobrar a sus clientes durante las primeras etapas? ¿lo es que las *startups* jamás deben gastar dinero en mercadotecnia? Para serte sincero, estas preguntas no pueden responderse así sin más; existen demasiados contraejemplos para cada lección. Lo verdaderamente importante del caso de Facebook es que una *startup* necesita realizar experimentos que la ayuden a determinar qué técnicas, métodos, procesos o lecciones funcionarán en sus circunstancias únicas. Para todas las *startups*, **el papel de la estrategia es contribuir a descubrir qué preguntas se deberán hacer.**

Cada plan de negocio se basa con un conjunto de suposiciones. Y este es el error. Al usar el plan de negocio como base, se traza una estrategia que asume las suposiciones como ciertas, y se continua usándolo como demostración de cómo alcanzar la visión de la empresa. Pero estas suposiciones no han demostrado ser ciertas. El objetivo de los primeros esfuerzos de cada *startup* debería ser probar las suposiciones tan rápido como sea posible.

El mayor inconveniente es que en las primeras etapas de una *startup*, no hay suficiente información para hacer una conjetura sólida sobre cómo debe trazarse la estrategia. Los primeros planes estratégicos probablemente se basan en las intuiciones de sus fundadores. Al inicio, esto es realmente bueno. Para transitar de estas corazonadas o intuiciones a información, los emprendedores deben "salir del edificio" y empezar a aprender. Para lograr lo anterior debes poner en marcha lo que se llama el **producto mínimo viable** (o MVP por sus siglas en inglés y como me referiré a él) con el objetivo de confirmar que tus predicciones de acto de fe (mi idea interesa a la gente y podré ganar dinero con ella) se basan en la realidad.

El objetivo del primer acercamiento con los consumidores a través del MVP no es obtener respuestas definitivas, lo que se pretende es aclarar de manera básica si entendemos a nuestro cliente potencial y los problemas que tiene (sumamente importante conocer esto como se ve en el apartado de segmento de mercado). A través de este entendimiento puede trazarse un consumidor arquetipo o ideal, un breve documento que busque humanizar al consumidor objetivo propuesto. Este cliente ideal es una guía esencial para el desarrollo del producto y asegura que la priorización de decisiones que los encargados de desarrollo de producto tendrán que hacer diariamente está en reciprocidad con el cliente potencial.

Cuando los emprendedores llevan a cabo investigaciones de mercado y hablan con los consumidores hay dos peligros siempre presentes. Los empresarios o personas que siguen la mentalidad de "hazlo y a ver qué sale" están impacientes por empezar y no quieren perder tiempo analizando su estrategia. Estos emprendedores prefieren iniciar a crear inmediatamente, a menudo después de tener algunas conversaciones un tanto superficiales con consumidores potenciales, conocidos o gente cercana. Desafortunadamente, a veces los mismos consumidores potenciales no saben qué quieren, por este motivo, para dichos emprendedores es fácil engañarse a sí mismos diciéndose que están siguiendo el camino correcto.

Por otra parte, existen emprendedores que pueden llegar a ser víctimas de la conocida "parálisis del análisis", que refina detalladamente y constantemente sus planes, en este caso hablando con los consumidores, leyendo informes y desarrollando estrategias teóricas que también, al final, pueden ser inútiles. Generalmente, el problema con la mayoría de los planes desarrollados por emprendedores novatos no es que no sigan principios estratégicos sólidos, más bien es que los hechos en los que se basan son equívocos. Desafortunadamente, la mayoría de estos errores no se pueden evaluar en un ambiente de oficina ya que para poder notarse necesitan de las sutiles interacciones entre los productos y los consumidores.

Indudablemente, analizar demasiado es peligroso, pero ningún análisis puede llevar al fracaso. Esto nos deja con una pregunta por responder, ¿cómo saber cuándo dejar de analizar y empezar a crear? La respuesta es, como ya lo mencioné: el producto mínimo viable (MVP).

La lógica detrás del concepto de producto mínimo viable
Groupon, cuyo sitio web ofrece cupones de descuentos diarios, es una de las empresas que ha crecido de manera más rápida en toda la historia. Sin embargo, su inicio no fue nada glamoroso. Cuando Groupon lanzó su primera oferta, sólo veinte personas compraron pizza con la oferta dos por uno en el restaurante que hay en la primera planta de las oficinas que la empresa tiene en Chicago. Su fundador explica la historia de la siguiente manera:

> Iniciamos un blog de WordPress e hicimos lo posible para dar a conocer Groupon. Todos los días poníamos un post nuevo. Era un gueto total. Por ejemplo, en la primera versión de Groupon vendíamos camisetas. En la reseña decíamos: "Esta camiseta está en color rojo y talla grande. Si quiere un color o una talla diferentes, mándenos un email". No teníamos forma de añadir esto de forma automática. Era todo improvisado.
>
> Fue suficiente para probar el concepto y demostrar que había algo que realmente gustaba a la gente. Llegamos al punto en que vendíamos 500 cupones de sushi al día y mandábamos 500 PDF al mismo tiempo por e mail. Realmente, hasta julio del primer año todo era buscar desesperadamente la forma de agarrar "al tigre por la cola".

Archivos PDF hechos uno por uno, cupones para pizzas y un simple blog fueron suficientes para validar el llamado "acto de fe" y lanzar Groupon hacia un éxito que superó todas las expectativas: resultó en mil millones en facturación y un cambio en la forma en que los negocios locales buscan nuevos consumidores.

Y es que un MVP ayuda a los emprendedores a empezar con el proceso de aprendizaje de la manera más rápida posible. No lo imagines como el producto más pequeño necesariamente, piensa en este concepto como la forma más rápida de entrar en el circuito de retroalimentación de crear-medir-aprender con el mínimo esfuerzo.

A diferencia del modelo tradicional de desarrollo de productos, que normalmente requiere un periodo de incubación y de reflexión bastante extenso (se centra en la búsqueda de la perfección del producto), el objetivo del MVP es empezar el proceso de aprendizaje, no terminarlo. Contrario a un prototipo tradicional o a una prueba de concepto, un MVP no está diseñado únicamente para responder las cuestiones técnicas y de diseño: su objetivo es probar las hipótesis fundamentales del negocio.

Uno de los aspectos más problemáticos del MVP es el reto que supone para la visión tradicional de la calidad. Los líderes de industria, los mejores profesionales y artistas aspiran a crear productos de la más alta calidad; podría decirse que es una cuestión de honor. Sin embargo, las discusiones sobre la calidad tienden a aparecer en empresas donde ya se sabe qué atributos del producto son los que el consumidor percibirá como atrayentes o que aportan valor. Pero en una *startup* esta es una suposición arriesgada de sostener. A menudo no sabemos con seguridad quién es el consumidor.

Los MVP a veces parecen ser de baja calidad para los consumidores. Si esto tiende a ser verdad en tu negocio, debes aprovechar esta situación como oportunidad para descubrir cuáles son las características que les importan a los clientes. Esto es mejor que hacer especulaciones o diseñar estrategias en papel, porque aporta una base fundamentada y sólida de la cual podrán crearse productos o pulir los ya existentes en el futuro.

También debes considerar que, en diversas ocasiones, los consumidores tienden a reaccionar de una manera inusual. Muchos productos celebres fueron lanzados en un estado de baja calidad que a los consumidores les resultó fenomenal. Imagina que Craig Newmark, durante los inicios de Craiglist, no hubiera publicado su humilde boletín de noticias a través de correo electrónico porque no tenía un diseño perfecto. ¿Qué habría pasado si los fundadores de Groupon hubieran sentido que el dos por uno no estaba a su altura?

El mpv varía en cuanto a su complejidad, desde simples pruebas de humo (algo tan básico como un anuncio) a desarrollar prototipos iniciales completos con problemas y pocos elementos. Decidir el nivel de complejidad del mpv es algo que no puede resultar de una ecuación o fórmula; requiere de la emisión de un juicio. Afortunadamente, este juicio no es difícil de hacer: la mayoría de los emprendedores y equipos de desarrollo de productos sobrestiman la cantidad de elementos que requiere un mpv. Cuando existe duda, es mejor simplificar.

Un resultado esperado de un mpv es la invalidación del modelo de crecimiento propuesto por la empresa, dejando claro que es necesario otro enfoque. Esto ocurre incluso si el mpv es rentable para la empresa. Sin un modelo de crecimiento formal, muchas empresas caen en la trampa de satisfacerse con un pequeño negocio rentable, aun cuando un pivote (un cambio estratégico) podría llevar a un crecimiento significativo. La única manera de saberlo es haber probado de manera sistemática el modelo de crecimiento con clientes reales.

La lección fundamental que debes extraer del mpv es que cualquier trabajo extra que vaya más allá de lo que se requiere para empezar a aprender es un desperdicio, independientemente de lo importante que pueda parecerte en ese momento.

Paso 2: Medir

En una empresa tradicional, un directivo o gerente que promete entregar un resultado y no lo hace se puede meter en graves problemas. En este escenario sólo hay dos explicaciones posibles: un error en la ejecución o en la planificación. Ambos son injustificables. Pero tú como director de una *startup* te enfrentas a un problema todavía más difícil: si los planes y proyecciones que haces están llenos de incertidumbre, ¿cómo puedes reivindicar el éxito cuando has fracasado al intentar alcanzar los resultados que habías prometido? De una manera más simple: ¿cómo pueden saber los involucrados que el fracaso se debe a que algo crucial fue aprendido en el camino y no a que la empresa estaba sin rumbo fijo? o, peor, ¿te estabas haciendo el tonto?

La solución a este problema reside en el centro del modelo del método *Lean Startup*.

Necesitas un enfoque disciplinado y sistemático para saber si estás progresando y para descubrir si estás alcanzando aprendizaje validado. Este sistema es la **contabilidad de la innovación**, una alternativa a la contabilidad tradicional. Desafortunadamente, la contabilidad estándar no sirve para evaluar a los emprendedores. Las *startups* son demasiado imprevisibles para que las proyecciones financieras y los hitos contables sean precisos.

La contabilidad de la innovación funciona en tres etapas.
La primera de éstas consiste en usar un MPV para recopilar datos reales para averiguar en qué punto se encuentra la empresa. Sin una imagen clara de la situación actual, sin importar cuán cerca o lejos estés del objetivo, no puedes empezar a evaluar el progreso hacia él.

En la segunda etapa, las *startups* deben intentar "poner a punto" el motor de crecimiento para ir desde el sitio de partida hasta el ideal. Requerirás muchos intentos, no lo dudes. Cuando la *startup* haya hecho todos los pequeños ajustes, los cambios y las optimizaciones del producto necesarias para moverse del sitio de partida hacia el ideal, la empresa habrá llegado a un punto de decisión. Ese punto es la tercera etapa: pivotar o perseverar.

1. **Establecer el punto de partida:** Un MPV permite a una *startup* obtener datos reales sobre el punto de partida de su modelo de crecimiento: tasas de conversión, tasas de suscripción y prueba, el valor medio que aporta un cliente a la empresa, etc., y esto es valioso como base para el aprendizaje sobre los clientes y sus reacciones hacia el producto; incluso si empiezas con noticias extremadamente malas. Cuando estás escogiendo entre las muchas suposiciones de un plan de negocio, es natural probar primero

las que representan mayor riesgo. Si no es posible mitigar dichos riesgos para llegar al ideal que requiere un negocio sostenible, no tiene sentido ir a probar los demás. Para aclarar esta idea, revisemos un ejemplo. Una empresa de medios de comunicación que ofrece publicidad tiene dos suposiciones básicas que desarrollará en forma de preguntas: "¿Podemos captar la atención continua de un segmento de mercado definido?", y "¿podemos vender esta atención a los anunciantes?". En un negocio en el que las tasas de publicidad para un segmento determinado de mercado son conocidas, la suposición que conlleva mayor riesgo es la capacidad para captar la atención. Por lo tanto, los primeros experimentos deberían centrarse en la producción de contenidos en lugar de la venta de publicidad.

2. **Poner el motor a punto:** Ya que se haya establecido el punto de salida, la *startup* puede trabajar para alcanzar nuestro segundo hito de aprendizaje: poner el motor a punto. Cada iniciativa de desarrollo de producto, de mercadotecnia o de cualquier otra actividad que se lleve a cabo en una *startup* debería tener el objetivo de mejorar uno de los factores clave del modelo de crecimiento. Lo explicaré con otro ejemplo. Una empresa puede dedicar tiempo a mejorar el diseño de su página web para que la experiencia de uso le sea más sencilla al cliente final. Esto presupone que la tasa de uso del sitio web es un factor clave del crecimiento y que su punto de partida es inferior al que a la empresa desea. Para demostrar el aprendizaje validado, los cambios a realizar en el diseño deberían mejorar la tasa de uso. Si no es así, el diseño deberá juzgarse como un fracaso. Trata de imaginar dos *startups* diferentes: la primera se propone unos indicadores claros para su punto de partida, una hipótesis sobre qué mejorará esos indicadores y un conjunto de experimentos desarrollados para probar dicha hipótesis. El equipo de trabajo de la segunda empresa se sienta alrededor de una mesa para debatir qué mejoraría el producto, tras lo cual implementan varios cambios a la vez y luego celebran cualquier mejora en las

cifras. Ahora responde: ¿cuál *startup* tiene más probabilidades de realizar un trabajo efectivo y alcanzar resultados duraderos?

3. **Pivotar o perseverar:** Con el tiempo, un equipo de emprendedores que está aprendiendo cuál es su camino hacia una empresa sostenible verá que las cifras de su modelo aumentan desde los niveles del punto de partida establecido por el MPV y convergen hacia algo al nivel ideal del plan de negocio. Una *startup* que fracasa en este aspecto verá que el nivel ideal se aleja cada vez más. En cambio, cuando este proceso se hace bien, ni siquiera el campo de distorsión de la realidad más poderoso sería capaz de cubrir este hecho: si no se cambian los factores clave de crecimiento del modelo de negocio, simplemente no se progresa. Es un signo claro de que ha llegado el momento de pivotar.

La importancia de utilizar los indicadores adecuados
Por muy bien planteados que estén los experimentos que pongan a prueba las hipótesis de valor y crecimiento de una *startup*, si no se utilizan los indicadores correctos para evaluar las conclusiones, los experimentos serán un desperdicio de tiempo. Hay que saber diferenciar entre **indicadores vanidosos e indicadores accionables.**

Para que puedas entender la diferencia entre estos dos indicadores, imagina el siguiente escenario de una tienda de ropa: supongamos que el director de la tienda utiliza la cifra de visitantes para medir el avance de su establecimiento, es probable que se esté dejando llevar por indicadores vanidosos. Quizás en un mes determinado la afluencia de visitantes haya crecido en un cierto porcentaje significativo, pero puede deberse a factores estacionales. El director haría bien en juzgar el éxito global de su negocio (y de los experimentos o mejoras que realice) con indicadores más realistas, como el porcentaje de visitantes que compran algo, el valor medio de cada compra, etcétera.

Si los indicadores vanidosos siguen mejorando a través de un largo plazo, se pueda dar la paradoja de que el motor de crecimiento está revolucionando, pero los esfuerzos para poner a punto el motor no están dando los frutos que se piensan. Retomando el escenario de la tienda: las ventas globales pueden estar creciendo mes a mes fruto de descuentos muy agresivos, pero a costa de posicionar la marca en un segmento de bajo coste que lleve a una situación de "pan para hoy y hambre para mañana".

Optimización vs. aprendizaje
Ingenieros, diseñadores y comerciantes están entrenados para optimizar. Los ingenieros están preparados para mejorar el rendimiento del producto, igual que los diseñadores son buenos en facilitar su uso. En una organización tradicional bien administrada, estas actividades ofrecen un aumento del beneficio por un aumento en el esfuerzo. El trabajo duro aporta resultados siempre y cuando se ejecute correctamente el plan.

No obstante, estas herramientas para mejorar el producto no funcionan de la misma manera en las *startups*. Si se está desarrollando algo equivocado, optimizar el producto o su comercialización no reportará resultados significativos. Una *startup* debe medir su progreso con un listón más alto: si algunas características hacen que el producto o servicio sea mejor a los ojos de ingenieros y diseñadores, pero no tienen impacto alguno en el comportamiento de los consumidores, es probable que estén desperdiciándose tiempo y recursos.

Los hitos de aprendizaje evitan esta espiral negativa y el esquema de la contabilidad de la innovación deja claro cuando la empresa está atascada y necesita un cambio de dirección.

Despacio, que tengo prisa por aprender
En el libro *Lean Thinking*, James Womack y Daniel Jones relatan la experiencia de llenar sobres de publicidad con la ayuda de las dos hijas pequeñas de uno de los autores. En cada sobre debía escribirse la dirección del destinatario, poner el sello, introducir una carta y cerrarlo. Las hijas, de seis y nueve años de edad, sabían cómo debían completar el proyecto: "Papá, primero debes doblar todas las cartas. Después debes cerrar todos los sobres. Al final, pones los sellos". Su

padre quería hacerlo de forma contraria a la intuición: completar cada sobre uno a uno. Ellas, como la mayoría de nosotros, pensaron que de esa forma iba más lento, y le dijeron: "¡No es eficiente!". Él y sus hijas se repartieron los sobres e hicieron una competencia para ver quién terminaba antes.

El padre ganó la carrera, y no sólo porque fuera un adulto. Lo hizo porque el enfoque de ir uno a uno es la manera más rápida de terminar el trabajo, a pesar de que parezca ineficiente. Esto ha sido confirmado por muchos estudios.

En *Lean Manufacturing* (o manufactura esbelta), el enfoque de un sobre a la vez es conocido como "flujo de una sola pieza". Dicho enfoque funciona debido al sorprendente poder de los lotes pequeños. Cuando realizamos un trabajo que avanza por etapas, el "tamaño del lote" se refiere al volumen de trabajo que se mueve de una fase a otra. Para aclararlo un poco más, imagina que llenamos un centenar de sobres de la forma intuitiva, es decir, doblando cien cartas cada vez. Tendríamos un tamaño de lote de cien. El flujo de una sola pieza se llama así porque el tamaño del lote es de uno.

¿Por qué al llenar un sobre a la vez se consigue realizar el trabajo de manera más rápida a pesar de que aparentemente debería ser más lento? Esto es debido a que nuestra intuición no tiene en cuenta el trabajo extra que se requiere para almacenar, amontonar y mover grandes pilas de sobres sin terminar, cuando se hace de la otra forma. Parece más eficiente repetir la misma tarea una y otra vez, debido a que esperemos que cada repetición nos haga hacer la tarea más rápidamente. Desafortunadamente, en un trabajo orientado al proceso, el resultado individual no es tan importante como el resultado general de todo el sistema.

Incluso si la cantidad de tiempo que requiere cada proceso fuera la misma, el enfoque de producción en lotes pequeños seguiría siendo superior, también por razones no intuitivas. Regresamos al ejemplo, ¿qué pasa si los sobres son defectuosos y no cierran bien? En el enfoque de los grandes lotes deberíamos vaciar todos los sobres, comprar sobres del tamaño adecuado y volver a llenarlos. Por el otro lado, en el enfoque de los lotes pequeños, esto se descubre inmediatamente y no es necesario repetir todo el trabajo.

La base del éxito de los lotes pequeños puede usarse para mejorar de forma espectacular la velocidad a la cual las *startups* obtienen el aprendizaje validado. Regresemos al ejemplo de llenar sobres. ¿Qué pasa si el cliente no quiere el producto que se está creando? A pesar de que esto nunca es una buena noticia para un emprendedor, descubrirlo lo más pronto posible es mucho mejor que descubrirlo después. Trabajar con lotes pequeños asegura que la *startup* puede minimizar el gasto de tiempo, dinero y esfuerzo que finalmente ha sido un desperdicio.

Paso 3: Aprender

Todo lo que has leído hasta hora es un preludio de una pregunta simple: ¿estás haciendo progresos suficientes como para creer que tu hipótesis estratégica inicial es correcta o debes hacer un cambio importante? Este cambio se llama **pivote**: una corrección estructurada diseñada para probar una nueva hipótesis sobre el producto, la estrategia y el motor de crecimiento.

No existe mayor catástrofe para el potencial creativo que la decisión errónea de perseverar. Las empresas que no pueden pivotar hacia una nueva dirección a partir de la **retroalimentación** recibida del mercado se pueden quedar sin crecer lo suficiente ni morir, consumiendo los recursos y el compromiso de los empleados y accionistas, pero sin avanzar.

La productividad de una *startup* no consiste en automatizar más aparatos o elementos. Consiste en alinear los esfuerzos con un negocio y producto que funcionen para crear valor y dirigir el crecimiento. En otras palabras, los pivotes exitosos nos sitúan en un camino que nos permite desarrollar un negocio sostenible.

Catálogo de pivotes
Hay pivotes diferentes. La palabra pivote a veces se usa de forma incorrecta como sinónimo de "cambio". Un pivote es un tipo especial de cambio, diseñado para probar una nueva hipótesis fundamental sobre el producto, el modelo de negocio y el motor del crecimiento.

- *Pivote de acercamiento (zoom-in):* En este caso, lo que antes se consideraba una característica del producto se convierte en el producto.
- *Pivote de alejamiento (zoom-out):* Es la situación inversa. A veces, una característica es insuficiente para sostener todo el producto. En este tipo de pivote, lo que se consideraba el producto entero se convierte en una simple característica de un producto mucho mayor. Un ejemplo claro de esto es Amazon, cuando pasó de vender únicamente libros a comercializar todo tipo de productos desde su página web.
- *Pivote de segmento de mercado:* En este pivote la empresa se da cuenta que el producto que está creando resuelve un problema real para consumidores reales, pero que estos no son el tipo de mercado que inicialmente se había planeado atender.
- *Pivote de necesidad del consumidor:* Al obtener un conocimiento del consumidor bastante fiable, a veces está claro que el problema que se busca solucionar no es tan importante para ellos. Sin embargo, debido a la gran relación con el consumidor, se descubren otros problemas que son importantes y que el equipo de trabajo de la empresa puede llegar a solucionar. En la mayoría de los casos, estos problemas relacionados pueden requerir algo más que el reposicionamiento del producto existente. En otros casos, se necesita de un producto nuevo. Resumiendo estas ideas, es un caso en el que la hipótesis del producto se confirma de manera parcial; el mercado objetivo tiene un problema que vale la pena solucionar, pero no es el que se había anticipado en un principio.
- *Pivote de arquitectura del negocio:* Las empresas suelen seguir una de las siguientes arquitecturas de negocio mayoritarias: alto margen y bajo volumen o bajo margen y alto volumen. La primera arquitectura habitualmente se asocia con los negocios de venta de empresa a empresa (B2B), y la segunda con los productos para los consumidores (B2C). En un pivote de arquitectura del negocio algunas empresas abandonan la

estrategia de alto margen y bajo volumen pasándose al mercado de masas; otros, diseñados para el mercado de masas se transforman a un modelo que requiere ciclos de ventas largos y costosos.
- *Pivote de captura de valor:* Hay diversas maneras de capturar el valor que crea una empresa. Se denominan "monetización" o "modelos de ingresos". Los cambios en la forma de capturar valor por parte de la empresa pueden tener consecuencias de gran alcance para el resto de la empresa, el producto y las estrategias de mercadotecnia.
- *Pivote de motor del crecimiento:* Existen tres motores de crecimiento que impulsan a una *startup*: el crecimiento viral, el crecimiento pegajoso y el crecimiento remunerado. En este tipo de pivote, una empresa cambia su estrategia de crecimiento para buscar un crecimiento más rápido o más rentable. Habitualmente, el cambio en el motor de crecimiento también necesita un cambio en la forma de capturar el valor.
- *Pivote de canal:* El mecanismo a través del cual una empresa entrega sus productos a los consumidores se llama canal de venta o canal de distribución. En ocasiones, los requerimientos del canal determinan el precio, las características y el panorama competitivo del producto. Un pivote de canal es el reconocimiento de que la misma solución puede suministrarse mediante de un canal diferente con mayor efectividad.
- *Pivote de tecnología:* Una empresa puede descubrir una manera distinta de alcanzar una misma solución usando una tecnología diferente. En estos casos, el segmento de mercado, el modelo de captura de valor y los canales son los mismos, pero la nueva tecnología puede aportar resultados por encima de los resultados proporcionados por la tecnología existente.

Experimentar en carne propia
El problema con los ejemplos que se conocen de pivotes es que la mayoría de las personas se familiarizan con las estrategias que tuvieron éxito aplicadas por empresas reconocidas. Aquello que generalmente es

menos conocido son los pivotes que se han necesitado para descubrir estas estrategias. Las empresas tienen un fuerte incentivo para hacer girar sus historias de relaciones públicas alrededor del fundador y hacer parecer que su éxito es el inevitable resultado de una buena idea.

Aun así, a pesar de que las *startups* suelen pivotar hacia una estrategia que parece similar a la de una empresa con éxito, es importante no poner tanto énfasis en estas analogías. Es bastante complicado saber si la analogía se ha trazado bien. ¿Se habrán copiado los elementos esenciales o únicamente los superficiales? ¿Aquello que ha funcionado en tal industria puede aplicarse a la nuestra? ¿Lo que funcionó antes lo hará ahora?

Los pivotes requieren coraje
Si conoces a algún emprendedor familiarizado con el método *Lean Startup* y le preguntas si ha decidido pivotar antes, es muy probable que te responda que habría debido pivotar antes. Creo que hay tres razones para esto.

Primera: los indicadores vanidosos pueden hacer que los emprendedores lleguen a falsas conclusiones y vivan en un mundo distinto. Esto perjudica la decisión de pivotar, ya que evita que los equipos de trabajo identifiquen la necesidad de cambiar.

Segunda: cuando un emprendedor no tiene una hipótesis clara es complicado experimentar un fracaso total, y sin fracaso, no suele existir el impulso para buscar el cambio que requiere un pivote.

Tercera: el miedo. Reconocer el fracaso puede llevar a una moral baja. Irónicamente, este miedo eleva el riesgo porque el proceso de prueba no tiene lugar hasta que la visión no está totalmente realizada. Sin embargo, en ese momento suele ser tarde para pivotar. Para evitar esta situación, los emprendedores necesitan enfrentarse a sus miedos y aceptar el fracaso, a menudo incluso públicamente. Los emprendedores con alto perfil, sea a causa de su fama o porque son de una marca reconocida, se enfrentan a una versión extrema de este problema.

Pensamientos finales sobre el método Lean Startup

El mundo de Hollywood, libros sobre emprendimiento o revistas de negocios nos presentan a emprendedores exitosos, y casi siempre su historia se estructura de la misma manera: contemplamos al valiente protagonista teniendo una epifanía, tramando una buena idea, nos explican cómo logró estar en el sitio correcto en el momento adecuado y cómo dio el salto para emprender un negocio.

Entonces empieza el fotomontaje. De manera sintética vemos al protagonista creando un equipo, quizá trabajando en un laboratorio, escribiendo en pizarras o cerrando ventas. Al final, los emprendedores tienen éxito y la historia puede pasar a algo más importante: cómo se dividen el botín de su éxito, quién aparece en las portadas de revistas, quién demanda a quién y las implicaciones para el futuro.

Desgraciadamente, el trabajo real que determina el éxito de las *startups* no se aprecia durante el fotomontaje. Sólo 5% del espíritu emprendedor lo forman la gran idea, el modelo de negocio, las estrategias y el reparto de ganancias. El 95% restante es el trabajo que se mide con la contabilidad de la innovación: las decisiones de priorización de producto, cuál será el mercado objetivo, el coraje para someter la gran visión a la constante prueba y la retroalimentación. Una decisión destaca por encima de las demás en cuanto a dificultad, requerimiento de tiempo y principal fuente de gasto para la mayoría de *startups*: decidir cuándo pivotar y cuándo perseverar.

Hasta aquí, te he dado mi versión resumida del método *Lean Startup*. No dudes en consultar las fuentes externas, en especial, el libro de Eric Ries para expandir tu conocimiento en este método.

Por ahora, si decides llevar tu empresa bajo este método, espero que *Lean Startup* te ayude en el camino.

FAT STARTUP

> *La filosofía* Lean Startup *es esencial para las* startups *como la relatividad lo fue para la física. Pero muchos emprendedores ni siquiera saben lo que significan los grandes mecanismos de mercadotecnia y ventas —aunque se encargan de esto y sólo terminarán por nunca lograrlo—. Entonces la teoría de* Lean Startup *puede usarse como una muleta para no hacer nada.*
>
> Marc Andreesseen
> Emprendedor

Una de las más grandes innovaciones en la última década en el mundo *startup*, es el movimiento *Lean Startup*, iniciado y difundido, como ya sabes, por Eric Ries. A partir de su difusión, miles de seguidores decidieron crear empresas y aplicar esta metodología de mantenerse *Lean*.

Esto implica incrementar las prácticas productivas durante la fase de desarrollo del producto, permitiendo que las *startups* tengan más oportunidades de éxito sin requerir grandes capitales, planes de negocios elaborados o "el producto perfecto".

Mantenerse *lean* es genial para las *startups* que no han alcanzado un ajuste del mercado de producto o para *startups* que están enfocándose en mercados que consideran pequeños. Además, muchas *startups* deben mantenerse *lean* por necesidad, ya que a veces la recaudación de fondos no es tan sencilla. Finalmente, algunos emprendedores quieren seguir siendo chicos para mantener un control de su visión, lo cual está bien.

Sin embargo, hay diversas empresas en crecimiento que creen que son demasiado *lean*. Estas empresas poseen increíbles productos, grandes mercados y acceso a capital. Pero su búsqueda de incrementar su volumen parece darse por las razones incorrectas.

Es en esta etapa de plantearse el crecimiento que el método *Fat Startup* parece más atractivo para las empresas. Y, ¿qué es este método? Es básicamente lo opuesto a la metodología *lean*: busca recurrir a grandes montos de capital para iniciar una *startup*, de una forma muy parecida a los negocios tradicionales de hace años, donde sólo los grandes capitalistas podían crear empresas con innovación y tecnología de punta. Pero *Fat Startup* busca adoptar este modelo tradicional a la nueva era tecnológica.

Tratemos el argumento central de esto. Solo hay dos prioridades para una *startup*: ganar el mercado y evitar quedarse sin dinero. Ir *lean* no significa llegar a un final o meta. Por esta razón, tampoco ir *fat*. Ambas son tácticas que se usan para ganar al mercado y no quedarse sin dinero. Convertir el método *lean* en la meta puede hacer perder una oportunidad de ganar el mercado, ya sea debido al fallo al fondear la investigación y el desarrollo necesarios para encontrar el ajuste de mercado del producto o porque dejaste que un competidor te superara al tomar el mercado. A veces ir *fat* es lo correcto.

Cada *startup* es una intensa carrera contra el tiempo. La empresa debe encontrar el ajuste de mercado para su producto, de manera que le sea posible liderar un gran negocio y tomar una porción sustancial del mercado, antes de quedarse sin dinero. Como resultado, las dos prioridades que mencione antes.

Es claro que si no puedes lograr cumplir estas dos prioridades no alcanzarás el éxito. ¿Pero por qué tomar el mercado es más importante que no quedarse sin dinero? Porque la única cosa peor que el infierno de las *startups* (bancarrota) es el purgatorio.

¿Qué es el purgatorio de las *startups*? Es el lugar donde se encuentra una empresa que no está en bancarrota, pero que tampoco lograr posicionar su producto en los primeros lugares. Tiene suficiente dinero, dada su tasa de gasto conservadora para algunos años. Inclusive puede estar en números negros con su flujo de efectivo, sin embargo, tiene cero oportunidades de volverse una empresa de alto crecimiento. Tiene cero oportunidades de ser nada más que una pequeña empresa de tecnología o de cualquier otra índole. Desde el punto de vista de un emprendedor, esto puede ser peor que la bancarrota ya que te quedas atrapado con una empresa pequeña.

Imagínate haber reclutado a todos los empleados, obtenido todo el dinero y comprometido a las personas a base de promesas. Lo ves salir adelante o te vas, sin tu buena reputación. Nadie quiere trabajar para un emprendedor que renuncia a su propia empresa. Este es el purgatorio de las *startups*: trabajas tan duro, no obtienes ningún beneficio y ves como tu mejor personal te deja. Simplemente apesta.

Gastar poco o gastar mucho es un medio, no un fin. Escoge la estrategia correcta para ganar al mercado o podrás terminar en el purgatorio.

Si tratas de razonar entre estos dos métodos, ten en mente lo siguiente:

- Si piensas construir una *startup* de alta tecnología, tu valor se encuentra en tu propiedad intelectual.
- No puedes ser tacaño para ganarte un lugar en el mercado.
- Las mejores empresas pueden recaudar dinero en cualquier mercado.

Ahora, para introducirte más en lo que *Fat startup* puede traer a la mesa, te comparto cinco razones por las cuales adoptar este método:

- *Alimentar tu mercadotecnia.* Muchos emprendedores, con pocos conocimientos en mercadotecnia pueden ser algo escépticos acerca de los métodos actuales de marketing. Pero la verdad es que cuando se invierte de manera correcta en mercadotecnia, ésta puede producir un gran retorno de la inversión. Las relaciones públicas pueden hacerte más atractivo para inversionistas y empleados, una marca bien posicionada y eventos pueden ayudarte a ti y a tu producto a diferenciarse de su competencia. Si entiendes el costo de adquisición de clientes y el valor del ciclo de vida del cliente, gastar dinero en mercadotecnia puede ser una decisión financiera acertada.
- *Alimentar tus ventas.* Similarmente, hay un número de *startups* allá afuera que invierten poco en ventas. Clientes alrededor del mundo desean lo que tienen, pero no saben que lo tienen. No todos los negocios necesitan representantes de ventas, personal de desarrollo de negocio, socios de canal y similares. Pero en algunas industrias, las ventas son todavía vitales para el éxito. Y si gastas poco en ventas dejas dinero en la mesa.

- *Matar de hambre a tu competencia.* Si dejas dinero en la mesa, alguien más se lo llevará. De hecho, si nadie lo hace, yo lo haré. En mercados recién establecidos, a veces tienes la oportunidad de pisar el acelerador y distanciarte del campo. Esto crea un ciclo virtuoso, y hace más difícil para tus competidores ganar clientes, contratar gente, recaudar dinero e innovar en su producto. Tu competencia puede quedarse sentado a la mesa… o debajo de ella, peleando con los perros por las sobras.
- *Alimentar tu reclutamiento.* Los miembros de tu equipo y los prospectos para ser parte de tu equipo de trabajo son más listos de lo que crees. Ellos saben qué *startups* están invirtiendo y cuáles no. Y francamente, la mayoría de los empleados no ejecutivos esperan que la *startup* vaya por todo para hacer que los resultados financieros sean favorables para ellos. Al invertir, puedes reclutar del cesto más grande y escoger los mejores, dependiendo de tu situación.
- *Alimentar tu equipo y a ti.* Tener dinero te permite invertir en tu equipo y en ti. Si planeas correr un maratón y construir una empresa duradera, necesitas asegurarte que tu equipo y tú sean recompensados por un monto que les permita vivir sus vidas y cumplir sus responsabilidades. Muchas *startups* que son demasiado *lean* pueden agotar a sus equipos, o algo peor, causar que la empresa se conforme con un resultado que no representa el potencial completo de la visión.

De nuevo, el movimiento *Lean Startup* es una de las herramientas más importantes añadidas al arsenal de un emprendedor en mucho tiempo, pero como cualquiera herramienta, debe ser aplicada en las situaciones correctas. Si tienes el mercado, el producto, el equipo y la capacidad de recaudación para construir una gran empresa, yo creo que es momento de dejar de cuidar tus calorías y empezar a aceptar una versión más grande de ti. Si *Lean Startup* ya no te queda, tal vez significa que eres de huesos grandes.

LEAN STARTUP O *FAT STARTUP*, ¿QUÉ ES MEJOR PARA TI?

Lo delgado está de moda, pero a veces tienes que comer
Ben Horowitz
Emprendedor e inversionista

En este momento debes estar preguntándote qué acercamiento es mejor para ti. ¿El método *Lean Startup* o iniciar una empresa con un modo de trabajo *Fat*? Trataré de mantener la comparación y discusión lo más simple y corta posible. Para esta instancia, debes estar cargado de muchísima información sobre ambas alternativas, por esta razón, estructuro los fundamentos argumentales más fuertes de cada método de creación y desarrollo de empresas:

Fat Startup	Lean Startup
· Operar muy lean puede significar que, al final, falles al ir por la totalidad del mercado.	· Empresas con cantidades modestas de capital (menos de $20 millones de dólares) llegaron a tener un gran alcance y se ajustaron al mercado, ejemplo de esto son Twitter y Zynga.
· La muerte de todas las startups fallidas es, en última instancia, irse a la bancarrota.	
· El ajuste del mercado de productos no suele ser un acontecimiento singular donde se vuelva "obvio" ir a lo grande.	· Recaudar mucho dinero puede conducir al despilfarro.
· Incluso en un ecosistema cargado y competitivo de capital de riesgo, la disponibilidad de capital es raramente una limitación para las mejores empresas.	· La mayoría de los emprendedores no puede darse el lujo de recaudar cantidades desorbitantes de capital antes de alcanzar un ajuste del mercado para sus productos.

Ahora, yo no entiendo por qué los emprendedores o inversionistas de etapas de iniciales tienen que tener una fidelidad casi religiosa en uno de los dos métodos. En mi opinión, ambos métodos tienen sentido.

La historia de PayPal fue la de una empresa exitosa con el método *Fat Startup*. recaudo más de 100 millones de dólares antes de tener ingresos significativos y más de 200 millones de dólares antes de su IPO (Oferta Inicial Pública, por sus siglas en inglés) y su subsecuente adquisición por eBay. Si nos basamos en esto, iríamos por el método *Fat Startup*.

Por otra parte, LinkedIn era de cierta manera una *lean startup*, a menos para aquellos en el camino del capital de riesgo, y sólo recaudó cerca de 15 millones de dólares en dos rondas de capital de riesgo antes de alcanzar una escala significativa (ingreso de 8 cifras). Sólo entonces, la compañía busco volver a recaudar capital para solidificar su posición como un emergente ganador en el *networking* profesional en línea. Así que LinkedIn respalda el método *lean*.

La realidad es que el método *lean* es correcto para la mayoría de las *startups* que no pueden (o no deberían) recaudar enormes cantidades de capital durante sus fases formativas. El enfoque de empezar *lean* y terminar *fat* tiene mucho sentido para muchas empresas basadas en desarrollo de software. Pero el punto de *Fat Startup* es que la devoción intransigente a los principios de *Lean Startup* ultimamente puede limitar a las habilidades de la empresa para dominar un mercado, y cuando una *startup* tiene capital lo debería de usar para construir una ventaja competitiva sostenible. De manera similar, hay cierto grupo de problemas que no puedan ser resueltos con un enfoque *lean*.

Asume que una *startup* calibra los niveles de financiación y las fuentes con las distintas fases del ciclo de vida de una empresa: recauda capital basándose en su habilidad alcanzar hitos significativos que creen valor, en vez de basarse en el modelo de inversión de su fuente de financiación. Entonces, la pregunta más interesante sería **¿cómo sabes cuándo empezar a evolucionar de *lean* a *fat*? ¿Cómo los emprendedores pueden cambiar sus mentalidades en la apropiada combinación de puntos de inflexión?**

Si empiezas el día cero con un enfoque de *fat startup*, tu atención tal vez no sea apropiadamente aguda y tengas una colina muy alta que escalar hacia un resultado económico satisfactorio para todas las partes. Pero de igual manera, una vez que empiezas a probar tu modelo a pequeña escala, operar demasiado *lean* puede evitar que tu *startup* establezca liderazgo en el mercado, junto con todos los beneficios que esto provee.

¿ENTONCES?

Mi mensaje o mi respuesta a la pregunta de esta sección es: empieza *lean* y trabaja duro para darte cuenta cuándo has tocado tus puntos de inflexión, mismos que raramente son blanco o negro. Si tienes la oportunidad y el deseo de ser enorme, evolucionar hacia lo *fat* probablemente tenga sentido. Después de todo, todos aspiramos a ser el gigante de nuestro mercado.

EL PLAN DE NEGOCIO

El general que gana la batalla hace muchos cálculos en su templo antes de que la pelea ocurra. El general que pierde hace pocos cálculos antes.
Sun Tzu

Algunos emprendedores llegan a ser exitosos sin un plan de negocio. Con gran sentido de oportunidad, habilidades sólidas de negocio, espíritu emprendedor, y un poco de suerte, algunos fundadores construyen negocios prósperos sin siquiera redactar un plan de negocios informal.

Pero las posibilidades indican que es más probable que los emprendedores sin planes fracasen.

¿Tener un plan de negocio hará que tu éxito sea inevitable? No. Pero una gran planeación a veces significa la diferencia entre el éxito y el fracaso.

En las secciones anteriores te compartí cómo el modelo de negocio combinado con la metodología *Lean Startup* podría ser lo único necesario para construir una *startup*, y hasta escribí algunos puntos en contra del plan de negocios. Pero era sólo para poder abrir tu mente a diferentes formas de ver las cosas y cómo combinar estas ideas, como lo vimos anteriormente con el *lean vs fat*.

Y ahora, cuando tus sueños de ser un gran emprendedor están en la línea, debes asegurarte de aprender y hacer todo lo posible para asegurar tu camino hacia el éxito.

Y es por eso que un gran plan de negocios también te puede ayudar a encaminarte al éxito, si lo usas apropiadamente.

CONCEPTOS CLAVE
Muchos planes de negocios son fantasías. Esto se debe a que muchos aspirantes a emprendedores ven al plan de negocio como una simple herramienta, llena de estrategias, proyecciones e hipérbolas que convencerá a los inversionistas de que el negocio tiene sentido. Eso es un gran error.

En primer lugar, tu plan de negocio debería convencerte de que tus ideas tienen sentido, porque tu tiempo, tu dinero y tu esfuerzo están en la línea.

Así que un plan de negocios sólido debe ser un modelo para un negocio exitoso: debería profundizar en los planes estratégicos, desarrollar los planes de venta y mercadotecnia, crear los cimientos para una eficaz operación, y tal vez, sólo tal vez, convencer a un inversionista de ir con tu apuesta.

Para muchos emprendedores, desarrollar un plan de negocio es el primer paso en el proceso de decidir si realmente quieren iniciar un negocio. Determinar si una idea falla en papel puede ayudarte a evitar desperdiciar el tiempo y dinero en una empresa que no tiene ninguna esperanza realista de éxito.

Así que, las características mínimas que tu plan de negocio debe contener son:

- Ser lo más objetivo y racional posible. Lo que puede verse como una buena idea para un negocio puede, después de un tiempo de profundo análisis, no ser tan viable debido a diversos factores como competencia, fondos insuficientes, o un mercado inexistente.
- Servir como guía para las operaciones del negocio durante los primeros meses y a veces años, al crear un modelo que los líderes de la empresa puedan seguir.
- Comunicar el propósito de la empresa y su visión: describir las responsabilidades de gestión, detallar requerimientos de personal, proveer una vista de los planes de mercadotecnia, y evaluar la presente y futura competencia dentro del mercado.
- Crear los cimientos de una propuesta de financiamiento para que los inversionistas o prestamistas la usen para evaluar la empresa.

Un buen plan de negocio profundiza en todas estas categorías, pero también debería cumplir otros objetivos. Sobre todo, un buen plan de negocio es convincente. Prueba un punto. Provee evidencia concreta y factual que demuestre que tu idea para un negocio es de hecho razonable y tiene todas las posibilidades de éxito.

¿A quién debe convencer tu plan de negocios?

En primera, tu plan de negocio debe convencerte de que tu idea no solo es un sueño sino una realidad viable. Los emprendedores son por naturaleza, confiados, positivos, personas de acción. Después de que objetivamente evalúes tus necesidades de capital, productos o servicios, competencia, planes de mercadotecnia, y potencial para crear ganancias, tendrás un mejor agarre en tus posibilidades de éxito.

Y si no estás convencido del todo, bien: da un paso atrás y afina tus ideas y tus planes.

¿A quién puede convencer tu plan de negocios?

1. *Fuentes potenciales de financiamiento:* si necesitas capital semilla de un banco o amigos y parientes, tu plan de negocio puede ayudarte a presentar un buen caso. Los estados financieros pueden mostrarte dónde has estado. Las proyecciones financieras, hacia dónde quieres ir. Tu plan de negocios muestra cómo llegarás ahí. Prestar dinero naturalmente involucra riesgos, y un gran plan de negocio puede ayudar a los prestamistas a entender y cuantificar ese riesgo, incrementando tu posibilidad de aprobación.
2. *Socios potenciales e inversionistas:* Cuando amigos y familiares estén involucrados, compartir tu plan de negocio puede que no sea necesario (aunque ciertamente ayuda). Otros inversionistas, incluyendo "ángeles inversionistas" o capitalistas de riesgo, generalmente requieren un plan de negocio para poder evaluarte.
3. *Empleados cualificados:* Cuando necesites atraer talento, necesitas algo para mostrarles a potenciales empleados debido a que todavía te encuentras en una fase inicial. Al principio, tu negocio es más una idea que una realidad, así que tu plan de negocio puede ayudar a potenciales empleados entender tus metas y, más importante, su lugar en el camino de la empresa para alcanzar esas metas.
4. *Potenciales uniones empresariales:* Como una nueva empresa, eres un total desconocido en el mercado. Establecer alianzas o uniones con otras empresas puede hacer la diferencia para hacer despegar tu empresa.

Pero sobre todo, tu plan de negocio debe convencerte de que tiene sentido seguir adelante.

Mientras trazas tu plan, puedes llegar a descubrir problemas o desafíos que no habías anticipado.

Tal vez el mercado no es tan grande como pensabas. Tal vez, después de evaluar la competencia, te das cuenta que tu plan de ser un proveedor de bajo costo no es factible debido a que los márgenes de ganancias serán muy bajos para cubrir tus costos o puedes darte cuenta que la idea fundamental de tu negocio es correcta, pero deba cambiar la forma de cómo será implementada.

Piénsalo de esta manera. Los negocios exitosos no se mantienen estáticos. Éstos aprenden de los errores, y se adaptan y reaccionan a los cambios: en la economía, en el mercado, en sus clientes, en sus productos o servicios, etcétera. Los negocios exitosos identifican oportunidades y desafíos y actúan en consecuencia.

Crear un plan de negocio te permite encontrar oportunidad y desafíos sin riesgos. Usa tu plan para meter tu dedo en el agua. Es la forma perfecta de revisar tus ideas y conceptos antes de gastar dinero.

Mucha gente ve el escribir un plan de negocio como un mal necesario requerido para atraer financiamiento. En vez de esto, ve tu plan como una forma gratuita de explorar la viabilidad de tu negocio y evitar errores costosos.

EL RESUMEN EJECUTIVO

Un resumen ejecutivo es un breve esquema del propósito y metas de tu negocio.

Aunque puede ser difícil de ajustar a una o dos páginas, un buen resumen incluye:

- Una breve descripción de productos y servicios.
- Un resumen de objetivos.
- Una sólida descripción del mercado.
- Una justificación de alto nivel para viabilidad, incluyendo un *benchmark* de tu competencia y tu ventaja competitiva.
- Un gráfico de tu crecimiento potencial.
- Una visión general de los requerimientos de financiación.

Sé que parece mucho, y es por eso que es tan importante hacerlo bien. El resumen ejecutivo es normalmente la sección que hace o deshace tu plan de negocio.

Un gran negocio resuelve los problemas de los clientes; si tu resumen no puede describir claramente, en una o dos páginas, cómo tu negocio resolverá un problema en particular y hará dinero en el proceso, entonces es muy posible que la oportunidad no exista, o que tu plan para hacer una ventaja de una genuina oportunidad no está bien desarrollado.

No trates de entusiasmarte de más por tu negocio, enfócate en ayudar al ocupado lector a formarse una buena idea de qué planeas hacer, cómo planeas hacerlo, y cómo lo lograrás.

Ya que un plan de negocios debería sobre todo ayudarte a arrancar y dar los primeros pasos en el crecimiento de tu empresa, tu resumen ejecutivo debería primero ayudarte a hacer lo siguiente:

1. **Refinar y ajustar tu concepto:** piensa en ello como un gancho argumental, un *elevator pitch* escrito, con más detalles, por supuesto. Tu resumen describe lo destacado de tu plan, incluye sólo los puntos más críticos, y deja fuera los factores y asuntos menos importantes. Mientras desarrollas tu resumen, naturalmente te enfocarás en los asuntos que más contribuyen al éxito. Si tu concepto es muy confuso, demasiado amplio o muy complicado, regresa y empieza de nuevo. La mayoría de los grandes negocios puede ser descritos en unas cuantas oraciones, no en muchas páginas.

2. **Determina tus prioridades:** Tu plan de negocio acompaña al lector a lo largo de su desarrollo. ¿Qué encabeza la lista en términos de importancia?: ¿Desarrollo de producto? ¿Investigación? ¿Adquirir la mejor ubicación? ¿Crear relaciones estratégicas? Tu resumen puede servir como una guía para redactar el resto de tu plan.

3. **Haz fácil el resto del proceso:** una vez que tu resumen está completo, puedes usarlo como esquema para el resto de tu plan. Simplemente completa lo que destaque con mayor detalle. De ahí trabaja para cumplir con tu objetivo secundario, al enfocarte en

tus lectores. Aunque estés creando un plan de negocio solamente para tus propios propósitos, en algún punto puedes decidir buscar financiamiento o traer a otros inversionistas, así que asegúrate de que tu resumen cumpla sus necesidades. Trabaja duro para dejar tu entusiasmo por tu idea y negocio plasmados.

En pocas palabras, haz que los lectores quieran dar vuelta a la siguiente página y seguir leyendo.

Caso de estudio – Tienda de renta de bicicletas

Introducción

La empresa Airosa Azul ofrecerá alquiler de bicicletas de carretera y montaña en una locación estratégica directamente adyacente a una entrada al Parque Nacional. Nuestra estrategia primordial es desarrollar la empresa como la alternativa de alquiler más conveniente y económica para los miles de visitantes que tiene el área cada año.

Una vez en marcha, expandiremos nuestro alcance y tomaremos ventaja del alto margen de ventas de nuevos equipos, para apalancar nuestra fuerza laboral existente, para vender y servir aquellos productos. Dentro de tres años, crearemos el área de destino más popular para los entusiastas del ciclismo.

Gestión de empresa

Airosa Azul estará ubicada en "X", una ubicación que proveerá una alta visibilidad así como entrada y salida directa de un parque nacional. El dueño de la empresa, Miguel Rodríguez, tiene más de veinte años de experiencia en la industria, habiendo servido como gestor de productos para Bicicletas ACME, así como gerente general de Bicicletas EPIC.

Debido a sus contactos extensivos en la industria, el inventario de equipo inicial será comprado a partir de exceso de inventario de tiendas alrededor del país, o bien con un descuento significativo hecho por proveedores.

Por la naturaleza de temporada de este negocio, serán contratados empleados de medio tiempo, para manejar los picos en la demanda. Estos empleados serán atraídos a través de salarios competitivos, así como descuentos en productos y servicios.

Oportunidades de mercado
460 mil personas visitaron el Parque Nacional durante los últimos 12 meses. Mientras la industria del turismo en el exterior se desploma, el parque espera que el número de visitantes crezca en los siguientes años.

- El parque ha añadido instalaciones para acampar, que podrán atraer a más visitantes.
- Además ha abierto áreas adicionales para exploración y construcción, gracias a las cuales asegurará un número más grande de pistas individuales, y por lo tanto un mayor número de visitantes.

El potencial de mercado inherente es sustancial. De acuerdo con investigaciones de terceros, aproximadamente 30% de todos los ciclistas preferirían rentar en vez de transportar sus propias bicicletas, especialmente aquellos que visitan el área por otras razones que no son sólo el ciclismo.

Ventajas competitivas
Nuestras dos ventajas competitivas principales serían la ubicación y los costos más bajos.

Nuestra ubicación es también una desventaja clave en lo que se refiere a la renta de bicicletas fuera de parques. Superaremos esta desventaja al establecer una ubicación satelital en la ciudad, para los entusiastas que quieren rentar bicicletas para su uso en la ciudad.

También utilizaremos herramientas en línea para mejorar la relación con el cliente, de forma que les permitamos reservar y pagar, así como crear perfiles individuales sin importar el tamaño del grupo que representen, sus preferencias y necesidades especiales.

Proyecciones financieras
La empresa espera ganar ingresos modestos en el segundo año, con base en ventas proyectadas. Nuestra proyección se fundamenta en las siguientes suposiciones clave:

- El crecimiento inicial será moderado, mientras establecemos presencia en el mercado.
- Las compras iniciales de equipo se mantendrán en servicios, por un promedio de tres a cuatro años; después de dos años, empezaremos a

invertir en nuevo equipo para reemplazar al equipo dañado u obsoleto.
- Los costos de mercadotecnia no excederán 14% de las ventas.
- Los ingresos residuales serán reinvertidos en expandir la línea de productos y servicios.

Proyectamos ingresar, el primer año, 1 millón 720 mil pesos, y una tasa de crecimiento de 10% para los próximos años. El costo directo de ventas está proyectado a un promedio de 60% del total de ventas, incluyendo 50% por la compra de equipo y 10% de la compra de elementos auxiliares. Nuestra utilidad neta está proyectada a alcanzar los 305 mil pesos en el tercer año, debido al incremento de las ventas y a la eficiencia de las operaciones.

Ten en mente que este es sólo un ejemplo inventado de cómo debe verse tu resumen. También ten en mente que este ejemplo está centrado en un negocio de renta, así que no incluye una descripción de productos. Si tu negocio manufacturará o venderá productos, o proveerá una variedad de servicios, entonces asegúrate de incluir una sección de "productos y servicios" en tu resumen.

PANORAMA GENERAL Y OBJETIVOS

Proveer un panorama general de tu negocio puede ser algo difícil, especialmente cuando todavía estás en etapas de planeación. Si ya eres dueño de tu propio negocio, resumir tu operación actual debería ser relativamente sencillo; puede ser mucho más difícil explicar en qué planeas convertirte. Así que empieza por dar un paso atrás.

Piensa en qué productos o servicios proveerás, cómo los proveerás, qué necesitas para ello quién proveerá estos elementos, y mucho más importante, a quién habrás de proveerlos.

Considera el ejemplo del negocio de renta de bicicletas. Sirve a clientes minoristas. Tiene un componente en línea, pero el núcleo de negocio se basa en transacciones cara a cara para la renta de bicicletas, mantenimiento del equipo y soporte en línea. Así que necesitarás una ubicación física, bicicletas, estantes, herramientas y equipo de mantenimiento. Necesitarás empleados con un grupo de habilidades muy particular para servir a estos clientes, además de un plan operativo para guiar tus actividades diarias. Esto se resume en:

1. ¿Qué es lo que proveerás?
2. ¿Qué necesitas para dirigir el negocio?
3. ¿Quién servirá a tus clientes?
4. ¿Quiénes son tus clientes?

En nuestro ejemplo, definir lo anterior es simple. Sabes lo que vas a proveer para satisfacer las necesidades de tus clientes. Necesitarás cierta cantidad de bicicletas para servir la demanda, aunque no necesitarás un número diferente de tipos de bicicletas. Necesitas una ubicación de venta, un sitio amueblado para satisfacer las demandas de tu negocio, así como empleados capaces de personalizar y reparar bicicletas. Y conoces a tus clientes: entusiastas del ciclismo.

En algunas industrias, contestar las preguntas anteriores puede llegar a ser más complicado. Cambiar un elemento o varios elementos puede cambiar otros elementos de tu empresa. Así que ¿dónde deberías empezar? Enfócate en lo básico:

- **Identifica tu industria:** minorista, mayorista, servicios, manufactura, etc. Define claramente tu tipo de negocio.
- **Identifica a tu cliente:** No puedes comercializar y venderles a los clientes hasta que sepas quiénes son.
- **Explica el problema que resuelves:** Los negocios exitosos crean valor al cliente al resolver sus problemas.
- **Muestra cómo resolverás los problemas:** Define tu concepto de cómo ganarás la confianza de tus clientes y cómo probarás que realmente resuelves el problema que el cliente padece.

Si sigues un tanto atorado con esto, trata de contestar las siguientes preguntas:

- ¿Quién es mi cliente promedio? ¿En quiénes me estoy enfocando?
- ¿Qué problema le resuelvo a mi cliente?
- ¿Cómo le resolveré el problema?
- ¿Dónde podría llegar a fracasar al resolver el problema del cliente? o ¿Qué puedo hacer para reponerme de este problema?
- ¿Dónde se ubicará mi negocio?
- ¿Qué productos, servicios y equipo necesito para dirigir la empresa?

- ¿Qué habilidades necesitan mis empleados?
- ¿Cuántos empleados necesito?
- ¿Cómo venceré a mi competencia?
- ¿Cómo puedo diferenciarme de mi competencia ante los ojos de mis clientes?

Una vez que trabajes en esta lista, probablemente terminarás con muchos más detalles de los necesarios en tu plan de negocio. Esto no es un problema: Empieza a resumir los puntos principales. Por ejemplo, tu sección de **Panorama general y objetivos** puede empezar con algo como esto:

Caso de estudio – Tienda de renta de bicicletas

Historia y visión
Airosa Azul es una nueva empresa que se ubicará en "X", sitio directamente adyacente a un destino extremadamente popular para el ciclismo. Nuestra meta inicial es volvernos el proveedor premier de bicicletas en alquiler. Entonces, apalancaremos nuestra base de clientes y posición en el mercado para ofrecer ventas de nuevo equipo así como mantenimiento y servicio comprehensivo, equipo a la medida y consejo de expertos sobre el terreno.

Objetivos

1. Alcanzar la más grande cuota de mercado del alquiler de bicicletas en el área.
2. Generar una utilidad neta de 435 mil pesos al final del segundo año de operación.
3. Minimizar los costos de reemplazo del inventario al mantener un 7% de tasa de desgaste en equipo existente.

Claves para el éxito

- Proveer equipo de la más alta calidad, conseguir ese equipo lo más barato posible a través de relaciones existentes con fabricantes de equipo y otras tiendas de ciclismo.

- Usar señalización para atraer a los viajeros al parque/bosque nacional, resaltando el costo y las ventajas del servicio.
- Crear factores adicionales de conveniencia para el cliente para superar una falta percibida de conveniencia para los clientes, planeando recorridos hacia una distancia relativa más allá de nuestra tienda.
- Desarrollar programas de incentivo y regalías para el cliente para apalancar las relaciones y crear publicidad fuerte de boca a oído.

Ciertamente podrías incluir más detalles en cada sección; esto es simplemente una guía rápida. Y si planeas desarrollar un producto o servicio, deberías describir el proceso de desarrollo en el borrador final.

La clave es describir lo que harás por tus clientes; si no puedes, no tendrás cliente alguno.

PRODUCTOS Y SERVICIOS

En la sección de "Productos y servicios" de tu plan de negocio, describirás claramente los productos y servicios, obviamente, que tu negocio proveerá.

Recuerda que descripciones detalladas o técnicas no son necesarias y definitivamente no las recomiendo. Usa términos simples y evita jergas de la industria para que a tus lectores les sea más fácil entender lo que escribes.

Por otro lado, describir cómo los productos y los servicios de la empresa se diferenciarán de la competencia es crítico así como lo es describir por qué tus productos y servicios son necesarios si el mercado no existe.

Patentes, derechos de autor, y la marca que te pertenezcan deberían estar listadas en esta sección.

Dependiendo de la naturaleza de tu negocio, la sección de tus productos y servicios puede ser amplia o relativamente corta. Si tu negocio está enfocado alrededor de un producto o productos, te recomiendo resaltar dichos productos dentro de esta sección.

Si planeas vender un producto básico y la clave de tu éxito radica en el precio competitivo, probablemente no necesitas proveer mucho detalle en los productos. O si planeas vender un producto ya disponible en diversos canales, la clave de tu negocio tal vez no sea el producto en sí, sino más bien tu habilidad de comercializar de una manera más efectiva que tu competencia.

Pero si estás creando un nuevo producto o servicio, asegúrate de que expliques la naturaleza del producto, sus usos, y su valor. De otra manera, tus lectores no tendrán la información adecuada para evaluar tu negocio.

Preguntas clave a responder

- ¿Hay productos o servicios en desarrollo o ya existentes en el mercado?
- ¿Cuál es la línea de tiempo para presentar nuevos productos y servicios al mercado?
- ¿Qué hace diferentes a tus productos o servicios? ¿Existen ventajas competitivas en comparación con la oferta de la competencia? ¿Existen desventajas competitivas que tendrás que superar?. Si las hay ¿cómo lo harás?
- ¿El precio es un problema? ¿Tus precios de operación serán lo suficientemente bajos para permitirte un margen de ganancia razonable?
- ¿Cómo adquirirás tus productos? ¿Eres el fabricante? ¿Ensamblas los productos usando componentes provistos por otros? ¿Compras productos de proveedores o mayoristas? Si tu negocio despega, ¿está disponible un suministro constante de productos?

En el ejemplo del negocio de alquiler de bicicletas que he estado usando, la sección de productos y servicios podría ser completada fácilmente. Depende de la naturaleza de los productos que la empresa planea rentar a sus clientes.

Si Airosa Azul planea promocionarse como un proveedor de bicicletas de alta calidad, describir esas bicicletas es importante. Si la empresa planea ser un proveedor de bajo costo, entonces describir marcas específicas de equipo probablemente no es necesario.

Mantén en mente que si un proveedor se queda sin capacidad, o quiebra, podrías no tener suficiente suministro para tu demanda.

Planea fijar múltiples vendedores o proveedores, y describe esas relaciones por completo.

Recuerda: la meta primaria de tu plan de negocio es convencerte de que el negocio es viable, y crear un mapa del camino a seguir.

La sección de **"Productos y servicios"** del negocio de renta de bicicletas podría empezar de esta manera.

Caso de estudio – Tienda de renta de bicicletas

Descripción de productos

Airosa Azul proveerá una línea de bicicletas y equipo de ciclismo para todas las edades y niveles de habilidad. Como típico cliente, busca equipo de mediana calidad y servicios excelente a precios competitivos, nos enfocaremos en proveer marcas como X, Y, y Z. Estos fabricantes tienen una reputación extensa como proveedores de media a alta calidad

Lo siguiente es un desglose de precios de renta anticipados, por día y por semana:

Bicicleta $300 $1,200
Casco $60 $300
(Etcétera)

Notas:

- Los clientes pueden extender el periodo de rentar en línea.
- Un periodo de gracia de dos horas será aplicado a todas las rentas; a los clientes que regresen el equipo dentro de ese periodo de dos horas no se les cobrará una cuota adicional.

Competencia

La empresa contará con una clara ventaja sobre sus competidores:

1. Equipo más nuevo con mayor calidad.
2. Precios aproximadamente 15% por debajo de la competencia.
3. Mayor conveniencia al proveer renovaciones en línea.
4. Un periodo de devolución que reforzará nuestra reputación como una experiencia agradable para el cliente.

Productos futuros
La expansión nos permitirá mover la oferta de productos hacia nuevas ventas de equipo. También exploraremos servicios de mantenimiento, apalancando nuestro equipo de mantenimiento para proveer valor agregado con nuevos servicios.(Y así sucesivamente.)
Cuando redactes la sección de "Productos y servicios", piensa en tu lector como una persona que conoce muy poco acerca de tu empresa. Sé claro y conciso.

Piénsalo de esta manera: esta sección contesta el "qué" de tu negocio. Asegúrate de que entiendas completamente el factor "qué"; puede que tú dirijas el negocio, pero tus productos y servicios son su sangre.

OPORTUNIDADES DE MERCADO
La investigación de mercado es crítica para el éxito de cualquier negocio. En un buen plan de negocio analizas y evalúas la demografía de tus clientes, los hábitos y ciclos de compra, así como la voluntad de adoptar nuevos productos y servicios.

El proceso empieza con el entendimiento de tu mercado, y las oportunidades inherentes en el mismo. Eso significa que necesitarás hacer un poco de investigación primero. Antes de que empieces un negocio, debes de asegurarte de que hay un mercado viable para lo que planeas ofrecer.

El proceso requiere que preguntes y, más importante, que respondas un número de preguntas. Mientras más a fondo contestes las siguientes preguntas, mejor entenderás al mercado.

Empieza por evaluar al mercado un nivel relativamente alto, contestando algunas preguntas de alto nivel sobre tu mercado y tu industria:

- ¿Cuál es el tamaño del mercado? ¿Está creciendo, es estable o está decayendo?
- ¿La industria en general crece, es estable o decae?
- ¿En qué segmento de mercado planeas enfocarte? ¿Qué demografías y comportamientos conforman el mercado que buscas abarcar?
- ¿La demanda por tus productos y servicios está creciendo o disminuyendo?

- ¿Puedes diferenciarte de la competencia de tal manera que los clientes te verán cómo un competidor significativo? Si así es, ¿puedes diferenciarte de una manera efectiva con respecto a los costos?
- ¿Cuánto esperan pagar tus clientes por tus productos y servicios? ¿Se trata de productos básicos o de productos individualizados y a la medida?

Afortunadamente tú ya habrás hecho algún trabajo al respecto. Ya has definido y mapeado tus productos y servicios. La sección de oportunidades de mercado provee el sentido de comparación a ese análisis, el cual es particularmente importante, ya que escoger los productos o servicios correctos es un factor crítico para el éxito de un negocio.

Pero tu análisis debe ir más lejos: tener un gran producto es genial, pero aun así debe haber un mercado para éste.

Así que cavemos más profundo y cuantifiquemos tu mercado. Tu meta es entender profundamente las características y la habilidad de comprar de tus clientes potenciales en tu mercado. Una investigación a través de Google puede ofrecerte una enorme cantidad de información. Para el mercado que esperas servir, determina:

- **Tus clientes potenciales.** En términos generales, clientes potenciales son aquellas personas en el segmento de mercado en el que planeas enfocarte. Imagina que vendes jet skis; cualquier persona menor a la edad de 16 años y mayor de 60 años representa una bajísima probabilidad de ser tu cliente. Además, de nuevo en términos generales, las mujeres forman un pequeño porcentaje de quienes compran jet ski. Determinar el total de población para tu mercado no es particularmente de mucha ayuda si tu producto o servicio no sirve o satisface una necesidad para toda la población. La mayoría de los productos y servicios no lo hacen.
- **Total de hogares.** En algunos casos, determinar el número total de hogares es importante dependiendo del giro de tu negocio. Por ejemplo, si vendes sistemas de aire acondicionado, conocer el

número de hogares es más importante que conocer la población total en tu área, porque aunque la gente compra dichos sistemas, son los hogares los que los consumen.
- **Ingreso medio.** La capacidad de gasto es importante. ¿Tu área de mercado tiene el suficiente poder de gasto como para comprar una cantidad tal de tus productos y servicios que te permita obtener ganancias? Algunas áreas son más adineradas que otras. No asumas que cada ciudad o localidad es la misma en términos de poder de gasto. Un servicio que es viable en una capital puede no serlo en un pueblo remoto.
- **Ingreso por demografía.** También puedes determinar el nivel de ingreso por grupos de edad, por grupos étnicos y por género. (De nuevo, el poder potencial de gasto es un número importante a cuantificar.) Las personas mayores pueden tener un menor nivel de ingreso que los hombres y mujeres de 35 a 45 años. O puede ser que planeas vender servicios a negocios locales; trata de determinar la cantidad que actualmente gastan en servicios similares.

La clave es entender el mercado en términos generales y luego cavar más profundo para saber si hay segmentos específicos dentro de aquel mercado que pueden convertirse en clientes que lleguen a ser la base para el crecimiento de tu negocio.

También ten en cuenta que si planeas vender productos en línea, el mercado global es increíblemente competitivo y está atestado. Cualquier negocio puede vender un producto en línea y enviarlo alrededor del mundo. No asumas que porque tu mercado representa miles de millones de dólares, puedes llegar nada más así y hacerte de un porcentaje significativo.

Por otro lado, si vives en un área con 50 mil personas y sólo hay una empresa como la tuya, puede que seas capaz de entrar a ese mercado y obtener un porcentaje mayoritario de la porción de clientes total de tu área.

Siempre recuerda que es mucho más fácil servir a un mercado que puedas definir y cuantificar.

Después de que completes tu investigación, puedes sentirte un poco abrumado. Los datos son un buen recurso, y mientras más, mejor, a pesar de lo cual, encontrarle sentido a un bloque cargado con demasiada información puede ser intimidante hasta desalentador.

Para el propósito de tu plan de negocio, reduce tu concentración de datos y enfócate en contestar estas las preguntas principales:

- **¿Cuál es tu mercado?** Incluye descripciones geográficas, demografías objetivo, y perfiles de empresas (si eres una B2B, business to business por sus siglas en inglés). En resumen: ¿Quiénes son tus clientes?
- **¿En qué segmento de mercado piensas enfocarte?** ¿Qué nicho piensas explotar? ¿Qué porcentaje de ese mercado deseas adquirir?
- **¿Cuál es el tamaño de tu mercado previsto?** ¿Cuál es la población y sus hábitos de compra y/o sus niveles de gasto?
- **¿Por qué los clientes necesitan y por qué ellos estarán dispuestos a comprar tus productos y servicios?**
- **¿Cómo ajustarás el precio de tus productos y servicios?** ¿Serás el proveedor de bajo costo o proveerás servicios con valor agregado por precios más altos?
- **¿Es probable que tu mercado crezca?:** ¿Cuánto?, ¿Por qué?
- **¿Cómo puedes incrementar tu cuota de mercado con el tiempo?**

Caso de estudio – Tienda de renta de bicicletas

Resumen de mercado

El gasto del consumidor en equipo de ciclismo alcanzó los 9 millones de pesos en los estados circundantes el año pasado. A pesar de que esperamos que las ventas incrementen, con el propósito de desempeñar un análisis conservador hemos proyectado un crecimiento de 0% para los próximos tres años.

En estos estados, cerca de un millón de personas visitó un parque nacional el año pasado.

Con el tiempo, sin embargo, esperamos que las rentas y ventas de equipo incrementen, de la mano del aumento en la popularidad del ciclismo en el área. En particular, nosotros proyectamos un pico en la demanda en 2018.

Tendencias de mercado
La participación y las tendencias de la población favorecen a nuestra empresa:

- Los deportes recreacionales en general, y específicamente los deportes orientados a la familia y a lo extremo, están ganando cada vez más exposición y popularidad.
- Tendencias de la industria muestran que el ciclismo vive un crecimiento más acelerado que otras actividades recreacionales.

Crecimiento del mercado
De acuerdo con los últimos estudios, el gasto en actividades recreacionales hecho por nuestro mercado objetivo ha crecido 14% por año, en los últimos tres años.

Además, anticipamos un crecimiento más grande que el promedio de la industria en el área debido al incremento en la popularidad de eventos de ciclismo.

Necesidades del mercado
Nuestro mercado objetivo sólo tiene una necesidad básica: alquilar bicicletas a un precio competitivo. Nuestra única otra competencia son las tiendas de bicicletas, y nuestra ubicación nos dará una ventaja competitiva sobre aquellos y otras empresas que tratan de servir a nuestro mercado.

Puede que quieras agregar otras categorías a esta sección, dependiendo de tu industria en particular. Por ejemplo, puede que quieras proveer información específica sobre los segmentos de mercado.

En nuestro caso, el negocio de alquiler de bicicletas no requiere mucha segmentación. Las rentas tienden a no segmentarse en diversos rangos.

Pero si has decidido abrir una tienda de ropa, puedes enfocarte en alta costura, en ropa infantil, o casual; podrías segmentar el mercado de muchas maneras. Si ese es el caso, debes proveer mayor detalle en la segmentación que respalde tu plan. La clave es definir tu mercado y entonces mostrar como lo servirás.

VENTAS Y MERCADOTECNIA

Proveer productos y servicios de la más alta calidad es asombroso, pero primero los clientes deben saber que estos productos existen. Por esta razón, los planes y estrategias de mercadotecnia son críticos para el éxito de cualquier negocio.

Ten en cuenta que la mercadotecnia no sólo es publicidad. La mercadotecnia, ya sea publicidad, relaciones públicas o literatura promocional, es una inversión en el crecimiento de tu negocio.

Como cualquier otra inversión que realices, el dinero gastado en mercadotecnia debe generar un retorno. Si no, ¿para qué hacer la inversión? Ese retorno puede ser solamente una mayor cantidad de flujo de dinero, sin embargo, los buenos planes de mercadotecnia reditúan en ventas y ganancias más altas.

Así que no planees simplemente gastar dinero en una variedad de esfuerzos de publicidad. Haz tu tarea y crea un programa inteligente de mercadotecnia. Te comparto los pasos básicos para crear un plan de mercadotecnia:

- **Enfócate en tu mercado objetivo.** ¿Quiénes son tus clientes? ¿A quién tienes en la mira? ¿Quién toma la decisión? Determina cómo puedes alcanzar a tus clientes potenciales de la mejor manera.
- **Evalúa tu competencia.** Tu plan de mercadotecnia debe separarte de tu competencia, y no puedes resaltar a menos que conozcas a tu competencia. Conoce a tus competidores al obtener información acerca de sus productos, servicios, calidad, precio, y campañas de publicidad. En términos mercadológicos, ¿qué hace tu competencia que funciona bien? ¿Cuáles son sus debilidades? ¿Cómo puedes crear un plan de mercadeo que resalta las ventajas que ofreces a tus clientes?
- **Considera tu marca.** El cómo tus clientes perciben tu empresa tiene un impacto dramático en tus ventas. Tu plan de mercadotecnia debe reforzar y extender tu marca de manera consistente. Antes de que empieces a promocionar tu empresa, piensa qué quieres que

tu mercadotecnia refleje de tu negocio, tus productos y servicios. La mercadotecnia es la cara de tus clientes potenciales, asegúrate de poner tu mejor cara.
- **Enfócate en los beneficios.** ¿Qué problemas estás resolviendo? ¿Qué beneficios entregas? Los clientes no piensan en términos de productos sino en términos de beneficios y en soluciones. Tu plan de mercadotecnia debería identificar claramente los beneficios que tu cliente recibirá. Enfócate en lo que los clientes reciben y no en lo que tú provees.
- **Enfócate en la diferenciación.** Tus productos y servicios deben de resaltar de la competencia de muchas maneras. ¿Cómo competirás en términos de precio, producto o servicio?

Luego enfócate en proveer detalle y respaldo para tu plan de mercadotecnia.

Preguntas clave a contestar:
- ¿Cuál es tu presupuesto de ventas y mercadotecnia?
- ¿Cómo determinarás si tus esfuerzos iniciales de mercadotecnia son exitosos? ¿De qué manera te adaptarás si tus esfuerzos iniciales fracasan?
- ¿Necesitarás representantes de ventas (internos o externos) para promocionar tus productos?
- ¿Puedes preparar actividades de relaciones públicas para ayudar a promocionar tu negocio?

La sección de "Ventas y mercadotecnia" para nuestro negocio de alquiler de bicicletas debería parecerse a la siguiente:

Caso de estudio – Tienda de renta de bicicletas

Mercado objetivo
El mercado objetivo son los estados circundantes. Los clientes alrededor del Parque Nacional constituyen 35% de la base potencial de clientes, empero, gran parte de nuestro mercado viaja desde fuera de esta área geográfica.

Estrategia de mercadotecnia
Nuestra estrategia de mercadotecnia se enfocará en tres iniciativas básicas:

- **Señalización vial.** El acceso al bosque está restringido a sólo unas cuantas entradas, y los visitantes llegan a estas entradas después de viajar por carretera. Como los clientes actualmente rentan bicicletas en el pueblo, la señalización en el camino comunicará nuestra propuesta de valor a todos los clientes potenciales.
- **Iniciativas web.** Nuestro sitio web atraerá visitantes potenciales al *resort*. Nos aliaremos con negocios locales que sirven a nuestro mercado objetivo para proveer descuentos e incentivos.
- **Eventos promocionales.** Regularmente, realizaremos eventos con ciclistas profesionales, así como demostraciones y firmas de autógrafos, con el fin de atraer más clientes a la tienda así como ampliar la reputación de marca de los atletas que queremos tener.

Estrategia de precio
No seremos proveedores de bajo precio para nuestro mercado objetivo. Nuestra meta es proveer equipo de media a alta calidad. Sin embargo, trazaremos una estrategia de fidelización de nuestros clientes, al crear de programas de lealtad basados en la web para incentivar al cliente a crear un perfil en línea y reservar, renovar el alquiler de equipo y proveer descuentos para aquellos que lo hacen. Con el tiempo, seremos capaces de vender específicamente a estos clientes.

Justo como en la sección de "Oportunidad de mercado", puede que quieras incluir otras categorías. Por ejemplo, si tu negocio involucra una fuerza de venta compensada con comisión, describe tus programas de ventas y los incentivos. Si distribuyes productos a otras empresas o proveedores y estos esfuerzos de distribución impactarán en tu plan general de mercadotecnia, diseña tu "Estrategia de distribución".

La clave es mostrar que entiendes tu mercado y entiendes cómo alcanzarás a ese mercado. La mercadotecnia y la promoción deben redituar en un aumento en la cantidad de clientes; por ello tu meta es describir profundamente cómo habrás de adquirirlos y mantenerlos.

De igual manera, ten presente que tal vez quieras incluir ejemplos de material que ya has preparado, como descripciones de tu sitio web, anuncios impresos, programas de publicidad basados en la web, etc. Aunque no necesitas incluir muestras, tomarse el tiempo para crear materiales reales de mercadeo puede ayudarte a entender y comunicar mejor tus planes y objetivos mercadotécnicos.

Asegúrate que tu sección de "Ventas y mercadotecnia" conteste el "¿Cómo llegaré a mis clientes?".

ANÁLISIS COMPETITIVO
La sección de "Análisis competitivo" de tu plan de negocios está destinada a analizar a tu competencia; tanto la actual como a los competidores potenciales que pueden llegar a querer entrar a tu mercado.

Toda empresa tiene competidores. Entender las fortalezas y debilidades de tu competencia, actual o potencial, es de vital importancia para asegurarte de que tu negocio sobreviva y crezca. Aunque no necesitas contratar un detective privado, sí necesitas evaluar a tu competencia de forma regular, aun si tú solo planeas dirigir un pequeño negocio.

De hecho, los pequeños negocios puede ser especialmente vulnerables a la competencia, especialmente cuando nuevas empresas entran a un mercado.

El análisis competitivo puede ser increíblemente complicado y consume mucho tiempo, pero no tiene que serlo. Te dejo con un simple proceso con el cual puedes seguir, identificar, analizar, y determinar las fortalezas y debilidades de tu competencia.

Competidores actuales

Primero desarrolla un perfil básico para cada uno de tus competidores actuales. Por ejemplo, si tu plan es abrir una tienda de suministro de oficina, puede que haya tres tiendas más en el mercado.

Los minoristas en línea también son competencia, pero analizar profundamente aquellas compañías será menos valioso a menos que decidas que quieras vender *online*.

Analiza las empresas con las que competirás directamente. Si planeas construir una firma de contabilidad, competirás con otras firmas en tu área. Si planeas abrir una tienda de ropa, competirás con otros minoristas de ropa en tu área.

De nuevo, si diriges una tienda de ropa, también compites con minoristas en línea, pero hay relativamente muy poco que puedas hacer contra este tipo de competencia salvo trabajar duro para competir de otras maneras: un gran servicio, vendedores amigables, horario flexible, verdaderamente entender a tu cliente, etcétera.

Una vez que identifiques a tus competidores principales, responde estas preguntas acerca de cada uno, y sé objetivo. Es fácil identificar debilidades en tu competencia, pero menos fácil reconocer donde pueden ser capaces de superarte.

- **¿Cuáles son sus fortalezas?** Precio, servicio, conveniencia, un inventario extensivo; todas estas son áreas donde puedes ser vulnerable.
- **¿Cuáles son sus debilidades?** Las debilidades son oportunidades sobre las que debes tomar ventaja.
- **¿Cuáles son sus objetivos básicos?** ¿Buscan ganar un porcentaje del mercado? ¿Intentan capturar a clientes premium? Trata de ver tu industria con sus ojos. ¿Qué están tratando de lograr?
- **¿Qué estrategias de mercadotecnia usan?** Observa su publicidad, sus relaciones públicas, etcétera.
- **¿Cómo puedes tomar un porcentaje del mercado de sus manos?**
- **¿Cómo responderán cuando entres al mercado?**

Responder estas preguntas puede parecer mucho trabajo, pero en realidad el proceso debería ser relativamente fácil. Deberías tener una ligera idea de las fortalezas y debilidades de tu competencia, si es que conoces a detalle tu industria.

Para obtener información, también puedes:

- **Revisar sus sitios web y materiales de mercadotecnia.** La mayoría de la información que necesitas acerca de productos,

servicios, precios y los objetivos de la empresa pueden estar disponibles en sus sitios. Si esta información no está disponible, puede que hayas encontrado una debilidad.
- **Visita sus instalaciones.** Echa un vistazo. Revisa sus materiales de venta y cualquier material que promocione su negocio. Ten amigos o colegas que estén dispuestos a visitar sus locales o llamarlos para saber cierta información.
- **Evalúa sus campañas de mercadotecnia y publicidad.** Cómo una empresa se publicita crea una gran oportunidad para descubrir sus objetivos y estrategias. La publicidad puede ayudarte a determinar rápidamente cómo una empresa se posiciona a sí misma, a quién se dirige, y qué estrategias utiliza para alcanzar nuevos clientes.
- **Navega por internet.** Busca en la web sus noticias, relaciones públicas y cualquier otra mención de tu competencia. Busca sus blogs y sus redes sociales, así como *reviews* y recomendaciones de sitios. Puede que la información que encuentres se base en la opinión de pocas personas, pero si eres lo suficientemente bueno podrás darte una idea de cómo los consumidores perciben a tu competencia. Además, puede que también obtengas alertas por adelantado de cualquier plan de expansión, nuevos mercados en los que buscan entrar, o cambios en la gerencia.

Mantén en mente que el análisis competitivo hace más que ayudarte a entender a tu competencia. El análisis también puede ayudarte a identificar cambios que deberías hacer a tus estrategias de negocio. Aprende de las fortalezas de la competencia, toma ventaja de sus debilidades, y aplica el mismo análisis en tu propio plan de negocio.

Puedes llegar a sorprenderte por lo que puedes aprender acerca de tu negocio al evaluar otros negocios.

Identifica competidores potenciales

Puede ser difícil predecir cuándo y dónde pueden surgir nuevos competidores. Para principiantes, regularmente busca por noticias dentro de tu industria, tus productos, tus servicios, y tu mercado objetivo.

Pero hay otras maneras de predecir cuando la competencia podría adentrarse a un mercado. Otras personas pueden ver la misma oportunidad que tú ves. Piensa acerca de tu negocio y tu industria, y si las siguientes condiciones existen, puedes enfrentar competencia en el camino:

- La industria disfruta de márgenes de ganancias relativamente altos.
- Entrar al mercado es relativamente fácil y barato.
- El mercado está creciendo; mientras más rápido crezca más grande es el riesgo de que haya competencia.
- La oferta es baja y la demanda alta.
- Existe muy poca competencia, así que hay suficiente espacio para que otros entren al mercado.

En términos generales, si servir a tu mercado parece sencillo puedes asegurar fácilmente que llegarán competidores a tu mercado. Un buen plan de negocio anticipa y considera nuevos competidores.

Ahora destila lo que has aprendido al responder las siguientes preguntas en tu plan de negocio:

- **¿Quiénes son mis competidores actuales?** ¿Cuál es su cuota de mercado? ¿Qué tan exitosos son?
- **¿Qué mercado objetivo tiene mi competencia actual?** ¿Se enfoca en un tipo específico de cliente, en servir un mercado masivo, o en un nicho en particular?
- **¿Están creciendo los negocios que compiten contigo o están escalando de nuevo sus operaciones?** ¿Por qué? ¿Qué significa esto para tu negocio?
- **¿Cómo se diferenciará tu empresa de la competencia?** ¿Qué debilidades de tu competencia puedes explotar? ¿Qué fortalezas de la competencia necesitas sobrepasar para ser exitoso?
- **¿Qué harías si tu competencia se marchara del mercado?** ¿Qué harías para tomar ventaja de la oportunidad?
- **¿Qué harás si nuevos competidores entran al mercado?** ¿Cómo reaccionarás? ¿Cómo afrontarás estos nuevos desafíos?

La sección **"Análisis competitivo"** para nuestro negocio de alquiler de bicicletas quedaría de la siguiente forma:

Caso de estudio – Tienda de renta de bicicletas

Competidores primarios

Nuestro competidor más cercano es la tienda de bicicletas de la ciudad cercana, están ubicados a 50 km.

Las tiendas en la ciudad serán fuertes competidores. Son negocios establecidos con excelente reputación. Por otro lado, ellos ofrecen equipo de menor calidad y su ubicación es menos conveniente.

Competidores secundarios

No planeamos vender bicicletas, por lo menos durante los primeros dos años de operación. Sin embargo, los vendedores de nuevo equipo indirectamente compiten con nuestro negocio debido a que, cuando un cliente compra nuevo equipo, ya no necesita rentarlo.

Después, cuando agreguemos ventas de nuevos equipos a nuestra operación, enfrentaremos la competencia de vendedores en línea. Competiremos con servicio personalizado y mercadotecnia dirigida a nuestro segmento de mercado y nuestra base de clientes existente, especialmente a través de iniciativas en línea.

Oportunidades

- Al ofrecer equipo de calidad mediana a alta, proveemos a los clientes la oportunidad de probar las bicicletas que pueden desear comprar en un futuro, proveyendo iniciativas adicionales para usar nuestro servicio.
- Ofrecer seguimiento, al brindar servicios de renta de bicicletas más atractivas.
- Iniciativas en línea, como renovaciones y reservaciones *online* aumentan la conveniencia para el cliente y nos posicionan como un proveedor de alta calidad en un mercado altamente poblado, especialmente en el segmento de ciclismo, por clientes que tienden a ser adoptadores tempranos de tecnología o innovación.

Riesgos

- Rentar bicicletas y equipo de ciclismo puede ser percibido por algunos en nuestro mercado objetivo como un negocio sencillo. Si no nos diferenciamos en términos de calidad, conveniencia y servicio, podríamos enfrentar la competencia adicional de otros competidores emergentes en el mercado.
- Una de las tiendas cercanas es una subsidiaria de un corporativo más grande con activos financieros significativos. Si nosotros, como esperamos, conseguimos una cuota del mercado considerable, el corporativo puede usar esos activos para incrementar el servicio, mejorar la calidad del equipo o recortar precios.

Aunque tu plan de negocio tiene la intención principal de convencerte a ti de que tu negocio tiene sentido, recuerda que la mayoría de los inversionistas revisan con detalle la sección del análisis de la competencia. Un error común cometido por los emprendedores es asumir que simplemente "lo harán mejor" que cualquier competidor.

La gente de negocios con experiencia sabe que enfrentarás competidores tenaces: mostrarles que entiendes tu competencia, entiendes tus fortalezas y debilidades comparadas con la competencia, y que comprendes que tendrás que adaptarte y cambiar con base en la competencia, es de suma importancia: es crítico.

Inclusive, si no tienes planeado buscar financiamiento o traer a bordo inversionistas, es absolutamente necesario que conozcas a tu competencia. La sección "Análisis competitivo" te ayuda a contestar el "¿Contra quién?" del plan de negocio.

OPERACIONES

El siguiente paso para crear tu plan de negocio es desarrollar un plan de "Operaciones" que servirá a tus clientes, mantendrá tus costos de operación en línea y asegurará rentabilidad. Tu plan operativo debe detallar tus estrategias para la gestión, dotación de personal, manufactura, cumplimiento de normas, inventario, todos los aspectos involucrados en la operación de tu negocio con base en el día a día.

Afortunadamente, la mayoría de los emprendedores tiene un mejor entendimiento de sus planes operativos que de otro aspecto en su negocio. Después de todo, aunque no parezca natural el analizar tu mercado o tu competencia, la mayoría de los emprendedores tiende a pasar mucho tiempo pensando sobre como dirigirá su negocio.

Tu meta es contestar las siguientes preguntas clave:

- **¿Qué instalaciones, equipo y suministros necesitas?**
- **¿Cuál es tu estructura organizacional?** ¿Quién es responsable por los diversos aspectos del negocio?
- **¿Requerirás investigación y desarrollo, ya sea durante la etapa inicial o ya en operación?** Si este es el caso, ¿cómo cumplirás esta tarea?
- **¿Cuáles son tus necesidades iniciales de personal?,** ¿Cuándo y cómo añadirás personal laboral?
- **¿Quién establecerá relaciones comerciales con vendedores y proveedores?,** ¿Cómo impactarán estas relaciones a tus operaciones del día a día?
- **¿Cómo cambiarán tus operaciones una vez que la empresa crezca?** ¿Qué pasos tomarás para recortar costos si la empresa inicialmente no se desempeña según los estimados o las expectativas?

Los planes de operación deberán ser altamente específicos para tu industria, tu sector de mercado y tus clientes.

Para esta sección no proveeré un ejemplo, en vez de eso, te recomiendo usar el siguiente listado para determinar las áreas clave que tu plan de negocio debería describir:

Ubicación y gestión de instalaciones

En términos de ubicación, describe:

- Requisitos de la zona.
- El tipo de edificio que necesitas.
- El espacio que necesitas.
- Requerimientos de energía y utilidad.
- Accesos: clientes, proveedores, envíos, etcétera.
- Estacionamiento.
- Construcción especializada o renovaciones.
- Remodelación interior y exterior.

Operaciones diarias
- Métodos de producción.
- Métodos de servicio.
- Control de inventarios.
- Ventas y servicio al cliente.
- Recepción y entrega.
- Mantenimiento, limpieza, y reaprovisionamiento.

Legal
- Licencias y permisos.
- Regulaciones de salud y ambientales.
- Patentes, marcas comerciales, y derechos de autor.
- Seguros.

Requerimientos personales
- Personal típico.
- Desglose de habilidades requeridas.
- Reclutamiento y retención.
- Entrenamiento.
- Políticas y procedimientos.
- Estructuras de pago.

Inventario
- Niveles anticipados de inventario.
- Tasas de devoluciones.
- Plazos de entrega.
- Fluctuaciones estacionales de la demanda.

Proveedores
- Proveedores principales.
- Proveedores de respaldo y planes de contingencia.
- Políticas de crédito y pagos.

¿Parece mucho? Sí, lo es; pero no todo lo anterior necesita estar en tu plan de negocio.

Deberás pensar profundamente y crear un plan detallado para cada categoría, pero no necesitas compartir los resultados con la gente que lee tu plan.

Trabajar a través de cada problema y desarrollar planes operativos concretos te ayuda de dos maneras:

1. Si no planeas buscar financiamiento o capital exterior, todavía puedes tomar ventaja de crear un plan comprehensivo que indague todas tus necesidades operativas.
2. Si buscas financiamiento o capital exterior, puede que no incluyas todos los detalles en tu plan de negocio; pero tendrás respuestas para cualquier pregunta sobre la operación de tu negocio.

Piensa en las operaciones como la sección de la "implementación" de tu plan de negocio. ¿Qué necesitas hacer?, ¿cómo lo harás? De ahí crea una visión general de ese plan para asegurar que tus hitos y tus tiempos tengan sentido. De tal manera la sección de "Operaciones" contesta el "¿Cómo?".

EQUIPO DE GESTIÓN

Muchos inversionistas y prestadores creen que la calidad y experiencia del equipo de gestión es uno de los factores más importante usados para evaluar el potencial de un nuevo negocio.

Pero ponerte a trabajar en esta sección no sólo beneficiará a la gente que llegue a leer tu plan de negocio. También te ayudará a evaluar habilidades, experiencias, y recursos que tu equipo necesitará a lo largo del camino. Fijar tu atención en las necesidades de tu empresa durante la implementación producirá un gran impacto en tus posibilidades de éxito. Preguntas clave para responder:

- **¿Quiénes son los líderes clave?** Si no hay personal identificado de tal manera, describe el tipo de personas que necesitas. ¿Cuáles son sus experiencias, antecedentes educativos, y habilidades?
- **¿Tus líderes clave poseen experiencia en la industria?** Si no, ¿qué experiencias pueden contribuir a tu negocio?

- **¿Qué deberes desarrollará cada posición/puesto de trabajo?** (Crear un organigrama puede ser útil). ¿Qué autoridad debe ser otorgada y qué responsabilidades se esperan de cada posición?
- **¿Qué niveles de salario serán requeridos para atraer candidatos calificados para cada puesto?** ¿Cuál es la estructura de salario para la empresa, por posición?

Caso de estudio – Tienda de renta de bicicletas

Jorge Rodríguez, Dueño y gerente
Jorge tiene más de veinte años de experiencia en el negocio del ciclismo. Sirvió diez años como gerente de productos para bicicletas ACME. Después de eso, fue el Gerente de Operaciones de Single Track Cycles. Tiene una licenciatura en mercadotecnia de la Universidad del Estado y un MBA del IPADE.

María Gómez, Subgerente
María fue la Campeona Nacional de Ciclismo de Montaña en el 2012. Trabajó en el desarrollo de productos para marcas reconocidas, creando equipo para ciclistas profesionales. También tiene una gran experiencia en servicio al cliente y ventas, ya que trabajó como gerente en Repuestos ABC.

En algunas instancias puede que quieras describir tus planes de reclutamiento. Por ejemplo, si manufacturas un producto o provees algún servicio y contrataras un empleado clave capaz, describe las credenciales de dicho empleado. De otra manera, incluye planes de reclutamiento en la sección de "Operaciones".

Una nota importante: No estés tentado a agregar un "nombre" (alguien importante o reconocido) a tu equipo de gestión con la esperanza de atraer inversionistas. Miembros "célebres" en tu equipo de gestión puede que atraigan la atención de tus lectores, pero líderes experimentados e inversionistas inmediatamente preguntarán que rol juega realmente esa persona para tu negocio y en muchos casos, dichas personas no tienen deberes clave ni de importancia para la empresa.

Si no tienes mucha experiencia, pero estás dispuesto a trabajar duro para sobreponerte a esa falta de experiencia, no estés tentado a incluir otra persona en tu plan que realmente no trabajará en tu negocio.

Si no puedes sobrevivir sin ayuda, está bien. De hecho es algo que se espera; nadie puede hacer algo realmente valioso por su cuenta. Solo haz planes para obtener ayuda de la gente correcta.

Finalmente, cuando crees esta sección en tu plan de negocio, enfócate en las credenciales pero presta atención extra a lo que cada persona realmente hará. La experiencia y la reputación son grandiosas, pero el actuar lo es todo. De esa manera, tu sección de "Gestión" responderá el "¿Quién está a cargo?".

ANÁLISIS FINANCIERO

Los números cuentan la historia. Al final, los resultados indican el éxito o fracaso de cualquier negocio.

Las proyecciones y estimaciones financieras ayudan a emprendedores, prestadores, e inversionistas a evaluar objetivamente el potencial de éxito de una empresa. Si una empresa busca fondos externos, proveer reportes financieros comprehensivos y análisis detallado es crucial.

Pero mucho más importante, las proyecciones financieras te dirán si tu negocio tiene alguna posibilidad de ser viable si no es así, te hacen saber que tienes más trabajo por hacer.

La mayoría de los planes de negocio incluyen al menos cinco reportes básicos o proyecciones:

- **Hoja de balance.** Describe la posición en efectivo de la empresa incluyendo activos, pasivos, accionistas, y ganancias retenidas para fondear futuras operaciones o para servir como fondos para expansión o crecimiento. Indica la salud financiera de tu negocio.
- **Cuenta de resultados.** También llamado "declaración de ganancias y pérdidas", este reporte lista ingresos y gastos proyectados. Muestra si una empresa sería rentable durante cierto periodo de tiempo.
- **Estado de flujos de efectivo.** Una proyección de ingresos de efectivo y pagos de gastos muestra cómo y cuándo el efectivo fluirá a través del negocio. Sin efectivo, los pagos no pueden hacerse.

- **Presupuesto operativo.** Desglose detallado de ingresos y gastos; provee una guía de cómo la empresa operará desde cierto punto de vista.
- **Análisis de punto de equilibrio**. Una proyección de la ganancia requerida para cubrir todos los gastos fijos y variables muestra cuándo, bajo condiciones específicas, se puede esperar que un negocio se vuelva rentable.

Es fácil encontrar ejemplos de todo lo anterior. Inclusive los softwares más básicos de finanzas incluyen *templates* y muestras. También puedes encontrar plantillas en Excel o Google Docs. Una búsqueda rápida en Google con los términos "plantillas estado de flujos de efectivo" o similares puede atraerte a muchos ejemplos.

También puedes trabajar con un contador para crear las proyecciones y documentos financieros necesarios. Siéntete con la libertad de hacerlo, pero yo te recomiendo primero investigar y estudiar un poco con los reportes por tu cuenta. No necesitas ser un contador para dirigir un negocio, sin embargo, sí tienes que entender tus números…, y la mejor manera de hacerlo es trabajando con ellos.

Últimamente, las herramientas que usas para desarrollar tus números no son tan importantes como que estos números sean lo más precisos posible; así, aquellos números te ayudarán a decidir si dar el siguiente paso y poner tu plan de negocio en acción.

Entonces el "Análisis financiero" te ayuda a responder la pregunta de negocios más importante: "¿Podemos obtener ganancias de esto?".

APÉNDICES

Algunos planes de negocio incluyen información menos esencial, pero potencialmente importante, en la sección de "Apéndices". Tú decides qué agregar en esta sección:

- Currículums de líderes clave.
- Descripciones adicionales de productos y servicios.
- Acuerdos legales.
- Organigramas.
- Ejemplos de mercadotecnia y garantía de publicidad.

- Fotografías o diseños de instalaciones potenciales, productos, etcétera.
- Respaldo para investigación de mercado o análisis competitivo.
- Documentos o proyecciones financieras adicionales.

Mantén en mente que crear un "Apéndice" es necesario si estás buscando financiamiento o atraer aliados o inversionistas. Inicialmente, al leer tu plan de negocio la gente no desea indagar en un sinfín de gráficas, números, e información de respaldo. Si alguien quiere cavar más profundo, perfecto, puede revisar los documentos en la sección de "Apéndices".

De esta manera, tu plan de negocio puede compartir tu historia clara y concisamente. De otra manera, como tú creaste tu plan de negocios, ya deberías tener todo el respaldo.

PRESENTANDO TU PLAN DE NEGOCIO

Ahora que ya invertiste decenas de horas de investigación, recopilación de información, organización y redacción, es tiempo de discutir como deberías presentar tu plan de negocio. Pero primero, te recomiendo te tomes un tiempo para aclarar tu mente.

John S. Reilly, un consultor en redacción de planes de negocios, dice:

> El error más grande es que el equipo de gestión no ponga el nuevo plan de negocio en un estante por un par de días y luego regrese a revisarlo con ojos frescos. Un mal plan de negocio es uno que no ha sido detenidamente vetado para remover inconsistencias (…), es mucho mejor identificar esos problemas al inicio que resolverlos después.

Reilly sugiere buscar la ayuda de un asesor o consultor de planes de negocios si necesitas ojos "frescos" para ubicar los errores logísticos de tu plan.

La presentación escrita

La importancia de la apariencia de tu plan puede ser subestimada: es la primera impresión de tu negocio. Si tu plan luce poco riguroso, se asumirá que la información que contiene es imprecisa y que no ha sido analizada con profundidad, por tanto, que el negocio o idea de negocio están planteados con poco cuidado.

Tu plan de negocio debe tener un marco formal y un formato consistente. Debe usar ayudas visuales donde sea apropiado, pero cualquier gráfico que incluyas debe ser relevante (tablas, gráficos y cuadros que presenten datos pertinentes de tu negocio) y profesional; no es el tiempo para clips decorativos con vacas, aun cuando tu negocio venda vacas. Considera contratar diseñadores gráficos profesionales para dar a tu plan un toque pulido.

Otro profesional al cual deberías considerar contratar es un editor, quien verá todos los errores que tú no ves, señalará las oraciones que no son claras y las secciones que están desorganizadas. El editor se asegurará de que el tono de tu plan de negocio sea el apropiado, formal, pero fácil de entender. También revisará que no haya errores de sintaxis. No quieres parecer descuidado. Sobre todo, un editor profesional hará que el plan de negocio sea más fácil de digerir y asegurará que tu mensaje sea presentado de manera clara y concisa. Conciso no significa que tengas que dejar fuera detalles importantes para ahorrar espacio, sino que presentas la información necesaria en la forma más eficiente posible.

Incluye una carta de presentación para introducirlos a ti y a tu plan. Una página de título y un índice mostrarán que eres un profesional organizado y facilitará a tus lectores localizar información clave dentro de tu plan. Incluye subsecciones en tu índice. Cada sección principal (como el "Plan financiero", el "Plan de ventas", etc.) puede beneficiarse de un breve resumen al principio cuya longitud esté en un rango de entre un párrafo y una página.

No hay nada que diga que debas de diseñar tu plan exactamente como lo describo. Es importante que incluyas toda la información que te he compartido, pero puede que encuentres una forma eficiente de presentar la información en la que separes la mercadotecnia de las ventas en el producto terminado, por ejemplo. También existe flexibilidad en el orden en el cual presentas tu plan. Sólo trata de presentar tu información en un orden lógico, aunque ten cuidado, porque los financieros tienden a saltarse mucha información y leer la que más les interesa y beneficia a sus propósitos.

La presentación oral

Si has logrado ensamblar tu plan de negocio escrito, tendrás la oportunidad de presentarlo. Debes estar realmente preparado para causar una impresión personal duradera y positiva, que sea además un fuerte argumento a favor de tu negocio. ¿Cómo lograrlo?

Primero, practica tu *pitch*. Aun cuando el financiero potencial ya habrá visto tu plan de negocio en este momento, debes prepararte para un discurso, un *speech* corto que resalte los puntos que has descrito en el resumen ejecutivo. No memorices todo el discurso; sólo la esencia de lo que quieres decir. De esta forma, tocarás todos los puntos importantes pero sonarás sincero en tu entrega. Puedes apoyarte en oradores o asesores de ventas: sus consejos pueden darte una ventaja y recibir retroalimentación constructiva sobre cómo puedes mejorar tu *pitch*.

Piensa en preguntas que el grupo de personas en la reunión puedan llegar a formularte. Prepara tus respuestas. Sería de ayuda pedirles a tu mentor o a los asesores o expertos de negocio que conozcas, que revisen las partes clave de tu plan para que jueguen el rol de *abogado del diablo*, de forma que puedas practicar y así estar preparado para defender tu plan.

Un error común cometido por dueños de negocios es recibir retroalimentación de amigos y parientes. El problema con esto es que, comúnmente, la gente que se interesa por ti está inclinada a darte apoyo, más que retroalimentación: dirán lo que sea para no hacerte sentir mal. Incluso, si tienes amigos menos simpáticos o brutalmente honestos, puede que no entiendan tu idea desde una perspectiva de negocios o inversión, y por lo tanto no podrán darte una retroalimentación que realmente sea de ayuda.

Si no eres un genio con los números, no tienes por qué volverte uno, pero, como dueño, debes entender perfectamente las finanzas incluidas en tu plan. Trae contigo a otros miembros de tu equipo para fortalecer tu presentación o compensar alguna debilidad que tengas.

Éxito o fracaso

Ya sea que estés presentando tu plan de negocio escrito o en persona, recuerda que la presentación por sí misma debe de ser atractiva o tu negocio, no sólo tu presentación, parecerá poco interesante. No asumas que tu audiencia está familiarizada con tu industria o línea de negocio, y evita usar jerga característica de la industria o acrónimos.

Recuerda hacer la presentación desde la perspectiva del inversionista o prestamista potencial. ¿Estás ofreciéndoles un escenario riesgoso y un retorno realista? ¿Uno que encaje en el perfil de sus inversiones usuales?

Planea dar muchas vueltas por financiamiento: Primero, porque puede que seas rechazado en los primeros intentos, y segundo, porque un financiero puede darte una oferta más favorable que otro. El que tu plan de negocio sea rechazado, y hay una gran posibilidad de que lo seas al principio, no significa que tu idea de negocio no es viable. Puede significar que tu negocio no es ideal para ese inversionista específico, o que hay algo que está faltando tu plan de negocio o de tu presentación. Ante el rechazo, deja a un lado tu orgullo y obtén toda la información posible de por qué esa persona no estuvo interesada, para que puedas arreglar los problemas y mejorar tus probabilidades de éxito en tu siguiente pitch.

Si tu plan de negocio es rechazado repetidamente, hay una buena razón para ello. ¿Por qué inversionistas expertos creen que tu idea no será un éxito? ¿Cómo puedes cambiar tu modelo de negocio y reformular tu plan en algo que tenga mayor potencial? ¿El prestamista o inversionista estarían dispuestos a considerar revisar una versión mejorada de tu propuesta en un futuro, o no están interesados para nada?

No trates de sacar conclusiones aceleradas, a veces existen situaciones fuera de nuestro control que interfieren en el procedo de que nuestras ideas sean financiadas por el sector privado, o inclusive, en un ambiente económico difícil, por el sector público.

CONCLUSIONES DEL PLAN DE NEGOCIO

Un plan de negocio no es sólo un documento extenso que te ayuda a conseguir financiamiento. Es una examinación profunda de si tu idea de negocio es viable. Preparar tu plan de negocio en etapas tempranas del desarrollo de tu empresa puede ahorrarte mucho tiempo, dinero y dolores de cabeza, al mostrarte donde están las debilidades en tu idea y al darte una oportunidad para hacer correcciones antes de cometer un gran error.

En el proceso de ensamblar tu plan de negocio puedes llegar a descubrir, por ejemplo, que realmente no has pensado lo suficiente en tu presupuesto de mercadotecnia, o no has investigado lo suficiente sobre las regulaciones de gobierno que podrán afectar a tu negocio. El armar tu plan te ayuda a examinar tu negocio desde el punto de vista del escéptico, del inversionista potencial y del cliente.

Una vez que hayas completado tu plan inicial y, con optimismo, ya hayas alcanzado la inversión o los préstamos que necesitas, ten presente que tu plan de negocio deberá ser un documento con vida. No sólo lo almacenes en un estante y lo olvides, pensando que ya cumplió su propósito. Querrás revisitarlo de vez en cuando: quitarle algunos componentes y agregarle otros, mientras vas aprendiendo que funciona en tu negocio y que no. Conforme tu negocio evoluciona, encontrarás que las versiones antiguas de tu plan proveen un recordatorio útil de qué tan lejos has llegado. Como *bonus,* el actualizar continuamente tu plan te pondrá al frente del juego, si es que luego necesitas asegurar financiamiento adicional.

No hay duda de que crear un buen plan de negocios toma una gran cantidad de trabajo, pero si lo haces realmente bien, tu esfuerzo valdrá la pena.

Con esto terminamos lo teórico, siempre ten a la mano esta sección para seguir recordando términos y todo lo básico para arrancar tu negocio. Sé que ha sido mucha información que digerir, aunque debes saber que también dejé fuera mucha información. Revisa la sección de "Referencias y bibliografía" para conocer de qué fuentes puedes aprender más sobre planes y modelos de negocio, además de *lean* y *fat startup.*

Cuando te sientas listo para continuar, busca la tercera y última entrega de la trilogía Imperio emprendedor.

Gracias por haberme acompañado hasta este punto.

REFERENCIAS BIBLIOGRÁFICAS

Novoa, J. (2013). ¿Qué es una startup?. El Blog Salmon. Recuperado de http://www.elblogsalmon.com/conceptos-de-economia/que-es-una-startup

Laja, P. (2012). How to Create a Useful Value Proposition with Examples. ConversionXL. Recuperado de http://conversionxl.com/value-proposition-examples-how-to-create/

Wikipedia. (2016) Value Proposition. Wikimedia Foundation, Inc. Recuperado de https://en.wikipedia.org/wiki/Value_proposition

Strategyzer AG. (2016). Value Proposition Canvas. Zürich: Strategyzer AG. Recuperado de http://www.businessmodelgeneration.com/canvas/vpc

Evernote Corporation. (2016). Captura aquello que tienes en tu mente. Evernote. Recuperado de https://evernote.com/intl/es-latam/

Sukhraj, R. (2016). 31 Value Proposition Examples You Wish You Had. IMPACT Branding & Design. Recuperado de https://www.impactbnd.com/blog/10-value-propositions-you-wish-you-had

Lewis, M., (1999), The New New Thing: A Silicon Valley Story, Estados Unidos, W. W. Norton & Company.

Osterwalder y Pigneur, (2010), Business Model Generation: A Handbook for Visionaries, Game Changers, and Challengers, New Jersey, Estados Unidos, John Wiley & Sons, Inc.

Ovans, A. (2015). What is a Business Model?. Harvard Business Review. Recuperado de https://hbr.org/2015/01/what-is-a-business-model

Strategyzer AG. (2016). The Business Model Canvas. Zürich: Strategyzer AG. Recuperado de http://businessmodelgeneration.com/canvas/bmc?_ga=1.11652276.1211144713.1447873979

6W2X Ltd. (2016). Business Model Canvas with Explanations. Recuperado de http://6w2x.com/bm-mardi/bmc-canvasexplained.html

Martin. (2015). Business Model Canvas: A Complete Guide. Cleverism. Recuperado de https://www.cleverism.com/business-model-canvas-complete-guide/

Jonshon, M., (2010), Seizing the White Space: Business Model Innovation for Growth and Renewal, Estados Unidos, Harvard Business Press.

Eric Ries. The Lean Startup Methodology. Recuperado de http://theleanstartup.com/principles

Ries, E., (2011), The Lean Startup: How Today's Entrepreneurs Use continuous Innovation to Create Radically Successful Businesses, Estados Unidos, Crown Business.

Horowitz, B. (2010). The Case for the Fat Start-Up. All Things D. Recuperado de http://allthingsd.com/20100317/the-case-for-the-fat-startup/

Mehta, N. (2013). In defense of the fat startup. Knowingly, Inc.. Recuperado de https://gigaom.com/2013/11/28/in-defense-of-the-fat-startup/

Berry, T. (2010). Is your startup fat or lean? Bplans. Recuperado de http://timberry.bplans.com/is-your-startup-fat-or-lean.html

Hower, L. (2010). Fat vs Lean – You're Both Right. AGILE VC. Recuperado de http://agilevc.com/blog/2010/03/22/fat-vs-lean-youre-both-right/

Haden, J. (2015). How to Write a Great Business Plan: Key Concepts. Inc. Recuperado de http://www.inc.com/jeff-haden/how-to-write-a-great-business-plan-key-concepts.html

Fortinelle, A. Business Plan: Presenting your Plan. Investopedia. Recuperado de http://www.investopedia.com/university/business-plan/business-plan8.asp

Fortinelle, A. Business Plan: Conclusion. Investopedia. Recuperado de http://www.investopedia.com/university/business-plan/business-plan9.asp

Artículos realizados por Esteban Sánchez y Cristiopher Ramírez para The Enterpriser y otros medios.

AGRADEZCO...

A mis queridos padres, que me han apoyado en los momentos más horribles, así como en mis triunfos. Sin ellos no, habría podido terminar este libro.

A mis hermanos mayores, quienes han cambiado su forma de ver al mundo y me hacen sentir orgulloso, por haber tomado caminos que demuestran lo que valen.

A mis mejores amigos, a quienes a pesar de la distancia sigo estimando; en quienes sigo creyendo.

A todos los sitios y publicaciones en los que he escrito, por ayudarme a desarrollar mis habilidades como escritor y afinar mi pluma.

Y sobre todo, a mis lectores fieles, y a los nuevos; porque este libro es para ustedes. En un deseo de ayudarles en su vida. Un regalo de mi parte hacia ustedes por leer todo lo que he escrito a través de los años.

De corazón, espero este libro les ayude en tener una visión más clara sobre cómo crear su imperio.

Muchas gracias por leerme.

www.ingramcontent.com/pod-product-compliance
Lightning Source LLC
Chambersburg PA
CBHW052359220526
45465CB00003BB/1166